見月律師

高僧傳

千華律虎

編撰—釋空行

【編撰者簡介】

釋空行

佛光大學宗教所碩士畢。

深感佛法是闡明宇宙人生的真諦，眾生藉由聞思修契入真理，依高僧為典範，把佛理融入生命，洗滌內心的垢染，邁向覺悟的大道。

曾任職臺北市國稅局和臺大醫學院；擔任過勝樂金剛中心講師、紐西蘭金剛總持佛學會講師、紐西蘭 Unitec College 宗教師、臺北市護持大乘法脈僧團當家師、經續法林會長、釋迦牟尼佛中心會長、桃園少輔院及桃園女子戒治所監獄佈教師。

現任：臺灣佛教僧伽終身教育學會理事；圓通佛學院講師；萬芳醫院、雙和醫院、亞東醫院臨床宗教師；臺北女子看守所監獄佈教師。

著有高僧傳系列之《蕅益智旭》、《雲棲袾宏》。

【「高僧傳」系列編輯序】

令眾生生歡喜者，則令一切如來歡喜

「為佛教，為眾生」六個字，乃是印順法師於臺北市龍江街慧日講堂（後因大門遷移，地址遷至朱崙街）為證嚴法師授予三皈依、並賜法名時的殷殷叮囑：「既然出家了，你要時時刻刻為佛教、為眾生。」

依證嚴法師解釋：「為佛教」是內修清淨行，「為眾生」則要挑起如來家業，走入人群救度眾生。因此法師稟承師訓，一心一志「為佛教還原教義，為眾生點亮心燈」，而開展慈濟眾生的志業。

歷代高僧之「為佛教、為眾生」

證嚴法師開創「靜思法脈，慈濟宗門」，並將其與「為佛教，為眾生」合釋：「靜思法脈」乃「為佛教」，是智慧；「慈濟宗門」即「為眾生」，是大愛。

進而言之，「靜思法脈，慈濟宗門」即菩薩道所強調的「悲智雙運」：「靜思法脈」是「智」，「慈濟宗門」是「悲」；傳承法脈、弘揚宗門就要「悲智雙運」，積極在人間發揮慈、悲、喜、捨四無量心。此亦即慈濟人開展四大志業、八大法印時的根本心要。

由其強調「悲智雙運」可知，「靜思法脈，慈濟宗門」並非標新立異，而是傳承佛陀教法以及漢傳佛教歷代高僧的教誨——包括身教與言教，並要求身心皆徹底踐履。為了讓世人明瞭慈濟宗門之初心與悲願，也讓這些歷代高僧的事蹟與精神更廣為人知，大愛電視臺秉持證嚴法師的信念，於二〇〇三年起陸續製作《鑑真大和尚》與《印順導師傳》動畫電影，將佛教史上高僧大德的動人故事，經由動畫電影的形式，傳遞到全世界。

因為電影的成功，大愛電視臺進一步籌畫更詳盡的電視版〈高僧傳〉——採取臺灣民眾雅俗共賞的歌仔戲形式。〈高僧傳〉的每一部劇本都是經過數個月的資料研讀與整理，縝密思考後才下筆，句句考證、字字斟酌。製作團隊感受到每一位大師皆以身作則、行菩薩道的特質，希望將每位高僧的大願與大行傳遍世界。

然而，不論是動畫或戲劇，恐難完整呈現《高僧傳》中所載之生命歷程，以及諸位高僧與祖師之思想以及對後世之貢獻。因此，慈濟人文志業中心便就〈高僧傳〉歌仔戲所演繹過的高僧，以《高僧傳》及《續高僧傳》之原著為基礎，含括了日、韓等國之佛教史上的知名高僧，編撰「高僧傳」系列叢書。我們不採取坊間已有之小說體形式，而是嚴謹地參照人物評傳的現代寫法，參酌相關之史著及評論，對其事蹟有所探討與省思，並將其社會背景、思想及影響皆納入，雜揉編撰，內容包括高僧的生平、傳承及主要思想或重要經典簡介。從中，我們不僅可以讀到歷代高僧的智慧與悲心，亦可一覽相關的佛教史地、典籍與思想。

在編輯過程中，我們可以看到歷代高僧之「為佛教，為眾生」：鳩摩羅什飽受戰亂、顛沛流離，仍戮力譯經，得令後人傳誦不絕，乃是為利益眾生；玄奘歷萬里之險取得梵本佛經、致力翻譯，其苦心孤詣，是為利益眾生；鑑真六次渡海欲至東瀛傳戒，眼盲亦不悔，是為利益眾生；六祖惠能隱居十五載以避害身之禍，只為弘揚如來心法，並言「佛法在世間，不離世間覺；離世求菩提，猶如覓兔角」，亦是為利益眾生……

這些高僧祖師大可獨善其身、如法修行以得解脫，為何要為法忘身、受諸逆境而不退？究其根本，他們不只是為了參究佛法，而是深知弘揚大乘佛法的目的乃在於大慈大悲地度化眾生、讓眾生能得安樂；若不能讓眾生同霑法益，求法何用？如《大智度論．卷二七》所云：

一切諸佛法中，慈悲為大；若無大慈大悲，便早入涅槃。

由此可知，就大乘精神而言，「為佛教」即應「為眾生」，實為一體之兩面。

「大悲」為「諸佛之祖母」

除了歷代高僧之示現，「為眾生」之菩薩道的實踐，於經教中更是多不勝數、歷歷可證。例如，《無量義經．德行品第一》便說明了菩薩作為眾生之大導師、大船師、大醫王之無量大悲：

無量大悲救苦眾生，是諸眾生真善知識，是諸眾生大良福田，是諸眾生不請之師，是諸眾生安隱樂處、救處、護處、大依止處。處處為眾作大導師，能為生盲而作眼目，聾劓啞者作耳鼻舌；諸根毀缺能令具足，顛狂荒亂作大正念。船師、大船師運載群生渡生死河，置涅槃岸；醫王、大醫王，分別病相曉了藥性，隨病授藥令眾樂服；調御、大調御，無諸放逸行，猶如象馬師，能調無不調；師子勇猛，威伏眾獸，難可沮壞。

如來於《法華經．觀世音菩薩普門品》中宣說，觀世音菩薩更以三十三種應化身度化眾生：

佛告無盡意菩薩：善男子，若有國土眾生，應以佛身得度者，觀世音菩薩即現佛身而為說法；應以辟支佛身得度者，即現辟支佛身而為說法；應以聲聞身得度者，即現聲聞身而為說法；應以梵王身得度者，即現梵王身而為說法；應以帝釋身得度者，即現帝釋身而為說法……應以天龍、夜叉、乾闥婆、阿修羅、迦樓羅、緊那羅、摩侯羅伽、人非人等身得度者，即皆現之而為說法；應以執金剛神得度者，即現執金剛神而為說法。無盡意，是觀世音菩薩成就如是功德，以種種形遊諸國土，度脫眾生，是故汝等應當一心供養觀世音菩薩。是觀世音菩薩摩訶薩，於怖畏急難之中能施無畏，是故此娑婆世界皆號之為施無畏者。

為何觀世音菩薩要聞聲救苦？因為菩薩總是「人傷我痛、人苦我悲」，恆以「利他」為念。如《大丈夫論》所云：

菩薩見他苦時，即是菩薩極苦；見他樂時，即是菩薩大樂。以是故，菩薩恆為利他。

正是因為這般順隨眾生、「以種種形」而令其無畏的無量悲心，讓觀世音菩薩受到漢傳佛教乃至於華人民間信仰的共同崇敬。慈濟人之所以超越貧富、超越國界、超越宗教地去關懷與膚慰需要幫助的生命，便是效法觀世音菩薩無量悲心、無量應化的精神。

在《法華經．普賢菩薩勸發品》中發願、將於佛滅後守護及教導受持《法華經》之眾生的普賢菩薩，於《華嚴經．普賢行願品》中則教導善財童子如何供養諸佛，亦揭示了如來、菩薩、眾生的關係：

於諸病苦，為作良醫；於失道者，示其正路；於闇夜中，為作光明；於貧窮者，令得伏藏。菩薩如是平等饒益一切眾生。何以故？菩薩若能隨順眾生，則為隨順供養諸佛；若於眾生，尊重承事，則為尊重承事如來；若令眾生生歡喜者，則令一切如來歡喜。何以故？諸佛如來，以大悲心而為體故。因於眾生，而起大悲；因於大悲，生菩提心；因菩提心，成等正覺。……若諸菩薩，以大悲水饒益眾生，則能成就阿耨多羅三藐三菩提故。是故菩提，屬於眾生；若無眾生，一切菩薩終不能成無上正覺。善男子，汝於此義，應如是解。以於眾生心平等故，則能成就圓滿大悲；以大悲心隨眾生故，則能成就供養如來。

《大智度論．卷二〇》亦云，佛陀強調，大悲心乃是諸佛菩薩之根本，具大悲心方能得般若智慧，亦方能成佛：

大悲，是一切諸佛、菩薩功德之根本，是般若波羅蜜之母，諸佛之祖母。菩薩以大悲心，故得般若波羅蜜；得般若波羅蜜，故得作佛。

「菩薩若能隨順眾生，則為隨順供養諸佛；若於眾生，尊重承事，則為尊重承事如來；若令眾生生歡喜者，則令一切如來歡喜。」閱及此段，不禁令人深深體會證嚴法師之智慧與悲心：慈濟宗門四大、八印之聞聲救苦、無量應化地「為眾生」，也是同時「為佛教」地供養諸佛、令一切如來歡喜啊！

歷代高僧雖未如慈濟宗門般推動慈善、醫療、乃至於環保、國際賑災等志業，乃因其時空因素，欲度化眾生先以弘揚大乘經教與法義為重；現今經教已備，所須的乃是效法菩薩道之力行實踐！慈濟宗門便是上承歷代高僧與經論之教法，推動四大、八印，行菩薩道饒益眾生，以此供養如來。

換言之，歷代高僧之風範、智慧及悲願，為佛教，也為眾生，此即諸佛菩薩之本懷，亦為慈濟宗門之本懷！這便是《高僧傳》系列叢書所欲彰顯者。

遙企歷代高僧儼然身影，我們可以肯定：為眾生，便是為佛教；為佛教，一定要為眾生！

【推薦序】

亂世中堅持戒律的法門龍象

——陳旺城（佛光大學宗教學研究所創所所長）

本書的主角見月律師生於明萬曆三十年（西元一六〇二年），俗姓許，名衡霄，雲南楚雄人。十四歲時父母相繼逝世，由伯父扶養成人。大師二十七歲，伯父驟然離世，大師為無常所感，又愧於自己未盡孝道，因而興起出世之念。起初大師信奉道教；後來，有一老僧送他一部《華嚴經》，大師閱至〈世主妙嚴品〉時，突然夙慧現前而有體悟，於是捨道入佛。崇禎五年（一六三二），由亮如老法師剃度，法名「讀體」。大師從此依止亮如老和尚，學習佛法。

某日，有兩三位剛出家者來聽經，但其所現的世俗之態惹人嫌惡。亮如老和尚勸誡他們：「出家必須先受沙彌戒，再受比丘戒；行住坐臥等，應當具備諸種威儀，才能稱為僧人。若不受比丘戒，威儀不具足，就不能稱為僧人，會玷汙了法門的清譽。」這番對話讓大師下定決心，作為一個僧人，無論如何要如法受具足戒。這段醍醐灌頂的開示，雖然不是對大師所說，卻觸發了大師的萬里求戒。

亮如老和尚認為當時能如法傳戒的是三昧寂光和尚，但三昧和尚在江南一帶傳戒。江南距離雲南萬里迢迢，來回並非易事，因此多次希望大師打消此念。然而大師不改其志，最終還是展開了他萬里求戒的漫長旅程。

從崇禎六年（一六三三）起，一直到崇禎十年（一六三七），大師歷盡艱苦才從三昧和尚受了具足戒，此後隨侍三昧和尚傳戒傳法。大師為了能如法受持具足戒而不惜捨身的精神，註定了大師未來必定是法門龍象。

崇禎十二年（一六三九），三昧和尚應請入南京寶華山，大師也隨入寶華山受監院一職，為眾講戒。在此期間，大師精研律藏，為各方所推崇；但幾次見到同參不如戒法時，便獨自離開寶華山，以彰顯其不願同流合汙之心志。然而，三昧和尚極為器重大師，兩度將大師尋回。

清順治二年（一六四五），三昧和尚示寂，大師繼任法席，住持寶華山三十餘年，致力於律宗之復興，建樹利生萬千。本書將大師的貢獻歸納為「制定寺規」、「整理律典」、「恢復律制」、「擴建道場」等四個面向，這也是本書最值得一讀之所在，讓我們得以一睹大師屹立不搖的行願，使得明末清初的律宗得以重新振興。

大師於康熙十八年（一六七九）正月二十二日圓寂，一生著述等身；其中，《傳戒正範》仍為我國傳戒之藍本，其自傳《一夢漫言》更是受到當代高僧弘一大師推崇。弘一大師如是讚歎：「歡喜踴躍，嘆為稀有。執卷環讀，殆忘飲食，感發甚深，含淚流涕者數十次……」本書即是以《一夢漫言》為藍本，將大師的言教身教，以更為平易近人的口吻，讓現代讀者們亦得以體會弘一大師的感動。

空行法師是我在佛光大學宗教所的學生。法師自幼品學兼優，又通過高普考，曾服務於國稅局及臺大醫學院，表現優異，深得主管讚賞。由於他在求學期間即研讀佛教的經論，遨遊於浩瀚的佛理，自得其樂。在懇求父母同意後，正當年輕有為之際，毅然放下公職，全心投入佛門的修行，並且解行並重。

法師出家後，曾擔任臺北和臺中道場的負責人，也曾應邀到紐西蘭道場擔任中文佛學老師及大專院校的宗教師。他在研究所時，治學嚴謹，課業優異，為人平易近人，個性隨和。此外，他多年來在醫院擔任臨床宗教師及監獄弘法，並在佛學院授課，貢獻所能，服務社會。身為其師，我亦深感榮幸。

最近欣聞法師應慈濟人文志業中心邀請撰寫見月律師傳，並邀我作序推薦。空行法師能不辭辛苦，將大師的言行忠實再現，讓我們能夠回到三百餘年前一睹大師的堅忍自持。我個人閱讀此書後，除了加深對見月大師的認識，也獲益良多與深感法喜。在此，我很樂意以這篇短文作為簡介，並且推薦給大家。

誌於佛光大學雲起樓研究室

【編撰者序】

復興律宗之「千華律虎」

見月讀體律師（西元一六〇二至一六七九年），以下簡稱大師，是中國佛教律宗的中興大師。

關於大師的師承，其師公古心如馨律師（西元一五四一至一六一五年）是明末復興律宗的高僧，為古林派之祖，編有《經律戒相布薩軌儀》一卷。其門下弟子很多，由性理、性璞二位法師繼承其法脈，住持古林寺。

大師的師父是三昧寂光律師（西元一五八〇至一六四五年），承繼如馨律師的志業，繼續傳戒、弘律的大業，並在寶華山開創律宗千華派，著有《梵網經直解》四卷及《十六觀懺法》等，奉如馨律師為太祖。

大師可謂是此派的集大成者，承續兩位律師的志業——中興律宗。大師明確倡導「復興律宗，承繼南山」，將戒律的復興與弘揚帶到最高峰，寶華山成為中國律學的中心，各地寺院之傳戒皆以此為軌範。因此，大師被尊為律宗千華派第二代祖師、南山律宗的後繼者。

律宗千華派以止持、作持二門為宗，尤其注重作持。止持，是「諸惡莫作」之意；作持，即「眾善奉行」之意。此外，千華派主張四分律分通大乘，則與南山宗相同；亦即，其形式上雖屬小乘，然其內容則會通大乘。

大師在律宗的傳承中有極其重要的地位；清初以來，律宗的復興與弘揚，與大師有莫大關聯，因而造就出千華一脈弘律人才輩出的盛況。大師的大作——《傳戒正範》，可謂是近代「三壇大戒」傳戒儀軌的濫觴。近代佛教界之傳戒儀軌，主要以寶華山之作法為圭臬，可見其影響力之大。

大師對佛教的貢獻，主要體現於「制定寺規」、「整理律典」、「恢復律制」、「擴建道場」等四個面向，使得明末清初的律宗復興運動達到顛峰——

一、制定寺規

大師初任方丈後，因應當時的寺院流弊，以及當年行腳、求戒時見聞之佛門衰頹亂象，大刀闊斧地進行改革，制定隆昌寺的十款僧約。其中數款僧約是取消方丈的特權，例如別眾食、收香儀、不須隨眾出坡等特權，改成方丈與寺僧平等，甚至出坡勞務等不落人後的僧約；大師凡事率先親為，帶領眾僧共同遵守寺規。

大師制定的寺規，既符合佛陀制戒本懷，又能契合大眾的根性。大師不僅將佛制的六和敬——「身和同住」、「口和無諍」、「意和同悅」、「戒和同行」、「見和同解」、「利和同均」融入寺規中，並運用「隨方毗尼」的原則，繼承道宣律祖以《四分律》為中心、亦融通他部律藏的思想，來持守戒律，並弘揚戒律。由於大師的堅持，致力於十款僧約的推動，改革當時佛門的弊病，寶華山因此逐漸步向正軌，受到各方推崇，成為當時佛教叢林的楷模。

二、整理律典

大師深究廣律，尤其以比丘戒為主，並加以編撰，著有《薙度正範》、《傳戒正範》、《沙彌律儀要略》、《沙彌尼律儀要略》、《比丘尼正範》、《毗尼止持會集》、《毗尼作持續釋》、《毗尼日用切要》、《黑白布薩》、《僧行規則》等戒律的典籍，作為出家眾舉行剃度、授戒儀式之用，以及僧人持戒的依歸。由於大師躬身研閱廣律及弘揚律典，造就了千華派學律的風氣，以及弘律人才輩出的盛況。

三、恢復律制

大師一生以弘揚戒律為己任，秉持「是制必遵」、「非法必革」的精神，除了制定寺院清規、整理編撰律典等大業，並且恢復唱方結界、三人一壇受戒、說戒、安居、自恣等廢弛已久的律制；又依律藏與建戒壇，令隆昌寺成為弘揚律宗的道場，依律制如法傳戒。因此，使寶華山成為戒律森嚴和山門鼎盛的律宗叢林，馳名全國，而有「律宗第一山」、「天下第一戒壇」之美譽。

四、擴建道場

在諸事完備下，大師自順治十四年至康熙十五年間，對寺院進行大規模修建。經過多年的精心策劃與擴建，寶華山的殿閣、僧堂及寮舍等皆煥然一新，金碧輝煌，極其莊嚴。大師曾說，寺院所有大小規模的修建等，都是補足先師三昧老和尚把隆昌寺改向後所未能完成的工程，藉此報答老和尚恩賜得戒法乳之深恩。

大師深謀遠慮，為了護法安僧，永保寶華山的經濟自足，將寺中平時墾植山林、農田和香資的盈餘，陸續購置田地及山場，作為常住的恆產，為寶華山奠定穩固的基業，成為中國東南地區首屈一指的巨剎，令當時的隆昌寺有「三門巨麗，甲於東南」之美稱。寶華山之能於清代屹立近三百年，健全的寺院經濟制度，是不可或缺的重要因素。

除了大規模修建隆昌寺外，大師亦修復天隆寺古剎，擴大弘律的事業。此外，大師又開設慈應律院，從事慈善救濟事業，提供孤獨無助者棲息之處，為佛教之濟世助人創立典範。

大師作為一位律學實踐者和弘揚者，一生致力於弘揚戒律，在其英明的領導下，隆昌寺諸事依律制而行，成為傳戒、弘律的大本營，使得沉寂已久的律宗再度大放光彩。大師深得當時佛門的耆宿的讚歎，無怪乎受讚譽為「千華律虎」、「南山道宣律師再世」。大師堅苦卓絕且對漢傳佛教貢獻卓著的一生，便是本書期盼能盡量呈現的。

祈願任何見聞或閱讀本書的人，在菩提道的修持具足一切的順緣，去除一切的違緣，發大菩提心，具足信願行，同生極樂國。

謹將本書的功德至誠回向佛法長久住世，利樂群生；

願所有的具格的善知識法體康泰、長壽住世，並轉妙法輪；
願所有的眾生都能值遇具格的善知識，聽聞正法，發菩提心，速證菩提；
願所有受煩惱眾苦逼惱的眾生，都能蒙觀世音菩薩的願力而得清涼之地；
願所有的病者都能遇到良醫，迅速康復，過有意義的生活；
願所有的亡者都能蒙阿彌陀佛慈悲的接引，速往極樂世界，早證菩提。

目錄

示現

影響

茲集雖以曇無德部為宗，然於他部互有發明者，悉採用之，此亦南山律祖集大成之式也。

夫毗尼是正法之壽命者，蓋由戒淨僧真，性遮之業而無染覆；道弘德備，權實之教而克闡揚。

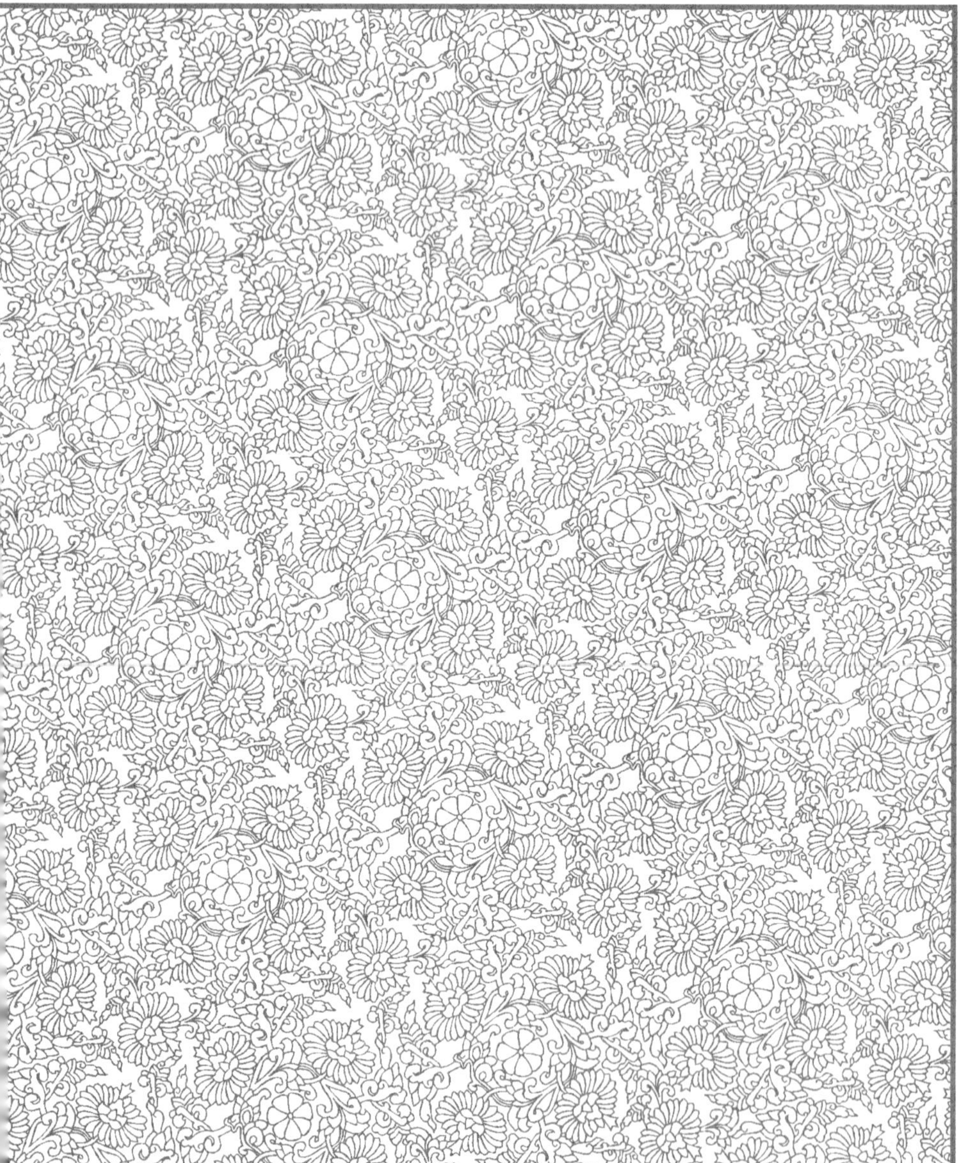

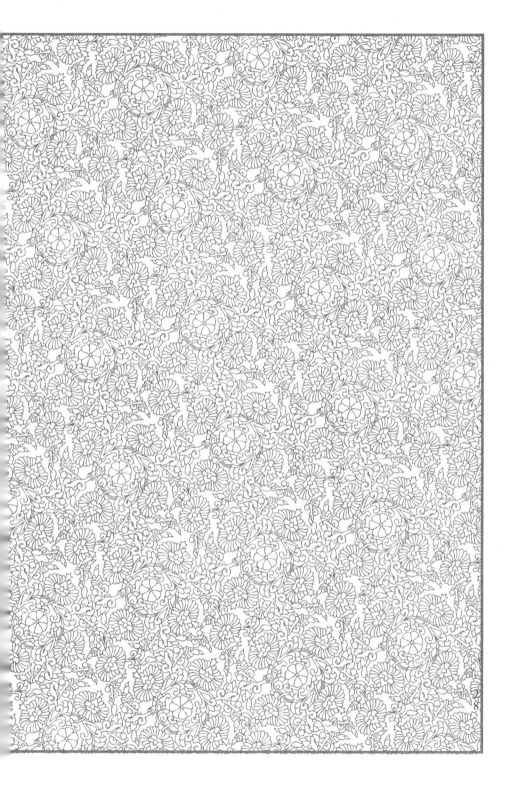

示現

第一章　誕生・修道

大師二十七歲，謂眾友云，余誠不孝，父母伯恩未報，大逆之罪難逃，今決志出家懺罪報恩。

見月律師於七十三歲（清康熙十三年，西元一六七四年）時，應徒眾的請求，口述了自己一生行腳之苦行事跡，以及為佛法奮鬥之事，並記載成冊。文末大師提及：「一切有相，皆歸於幻。現在追憶以前之事，也只是一場夢罷了，所以將書名題為《一夢漫言》」，並附加一個偈子：「一夢南來數十秋，艱危歷盡事方休；爾今問我南游跡，仍把夢中境界酬。」

《一夢漫言》分為上下兩卷，上卷是描述大師行腳參方的苦行事蹟，下卷則講述了大師數十年苦心經營寶華寺的歷程，以及弘法利生的事蹟。

近代高僧弘一大師（註一）最初借閱《一夢漫言》後，他感到歡喜雀躍，深覺此書珍貴無比，因而反覆地閱讀。每當閱讀時，常常廢寢忘食，內心深受啟發，甚至感動得潸然落淚數十次。於是，弘一大師將此書概括地分段，加上眉注；並且參照地圖，描繪了一幅大師行腳的路線圖，作為研學此傳記者的參考。

弘一大師在《一夢漫言》的跋文中，語重心長地提到：

師一生接人行事，皆威勝於恩，或有疑其嚴厲太過、未近人情者；然末世善知識多無剛骨，同流合汙，猶謂權巧方便、慈悲順俗以自文飾，師之言行正是對症良藥也。儒者云，聞伯夷之風者，頑夫廉，懦夫有立志，余於師亦云然。九月五日、編錄年譜摭要訖。復校閱《一夢漫言》，增訂標注，並記。九月十三日、寫隨講別錄二紙竟。臥床，追憶見月老人遺事，並發願於明年往華山禮塔。淚落不止，痛法門之陵夷也。

弘一大師一語道破了見月大師一生待人接物的態度威厲、不顯露恩慈之情。或許有人會認為大師過於嚴厲，不近乎人情；但是，末法時代的善知識，多半沒有剛骨之氣，容易與世俗同流合汙，還自以為是權巧方便，慈悲順應世人；大師的言行，正好是對治此陋習的良藥。弘一大師又引儒家之言：「聽到管叔、伯夷兩人的人格風範後，頑劣之人會變得清廉，胸無大志的懦夫也會立下雄心壯志。」因此，大師的言行，恰好能於當今的佛門中，發揮廣大的影響力。

弘一大師對大師十分景仰，用心編寫了大師的年譜摘要，即〈寶華山見月律師年譜摭要〉；並校閱了《一夢漫言》，增訂標要、註釋及題記，以及寫了兩篇〈《一夢漫言》隨講別錄〉，來解釋書中的生難字。除了追思大師的往事，弘一大師尚發願隔年要去寶華山朝禮大師的靈塔；他當時想到佛門的凋零，不禁淚流滿面，深感痛徹肺腑。

出身軍眷

大師的父親，姓許，名為酹昌，家中排行次子，上有長兄。他的母親吳氏，是位深信因果，舉止端莊賢淑，而且待人和善的人。

大師的母親臨盆前，曾夢見一位梵僧，進入屋內。夢醒後，她便生下大師。這年正值明神宗萬曆三十年（西元一六〇二年），家人為他取名為「衝霄」。

大師的祖籍原本在江蘇句容（今江蘇省句容縣），他的祖父曾於明太祖洪武年間從軍，後隨軍征戰，馳騁疆場，為朝廷平定雲南，立下戰功；並且開墾了雲南和貴州兩地。由於對平定和建設當地有貢獻，獲得朝廷的賞封並賜予其祖父雲南指揮官一職，命其陣守於當地。於是祖父不辭辛勞地攜家帶眷，遷移至雲南的楚雄（今雲南省楚雄縣，因春秋時的楚叔雄避難於此而得名），並且由長子、長孫世世代代承襲這個指揮官的軍職。

大師的資質十分聰慧靈敏，尤其擅長於繪畫觀世音菩薩的法相，世人爭相索取收藏之，並將其媲美唐朝畫聖吳道子（註二），因而尊稱大師為「小吳道子」。

自做道士

明神宗萬曆四十三年(西元一六一五年),大師十四歲時,雙親不幸相繼過世,他和兩位幼小的弟弟,改由伯父代為撫養、教育,直至長大成人。由於伯父年紀老邁,並無子嗣,有意將指揮官的軍職改由大師承襲,但大師不願承襲此軍職。

大師天性愛好大自然,只要聽聞到風光明媚、山水秀麗的地方,便與好友結伴而行,前往遊覽與參觀各處的美景。

明熹宗天啟六年(西元一六二六年),大師二十五歲時,曾聽人提起大理府和北勝州交接處有一條金沙江,沿江的居民多以浣沙淘金為生。大師就邀約了二三位朋友,走了五百里路去觀賞,看到了實際淘金的情景,深感天地間的造化,養育其間的生靈之奧妙。

位於金沙江的西岸有鶴慶府,地處群山之中,山勢猶如牆壁般聳然而立,道路險阻。相傳古代有一惡龍,常於水中興風作浪,想把此處變成汪洋大海。

其東南方地勢較為低凹，名叫甸尾；大水湧向此處，攜沙積聚，日漸水流受阻，導致氾濫成災。幸好一位印度神僧摩伽陀尊者，途經此地，看見大水氾濫，便用錫杖在甸尾的山腳處穿鑿了數十個洞，深達五里多，使積水流入金沙江中，解除了長久的水患。

大師慕名前往鶴慶府，想要一睹這裡的美景，在此地巧遇了浪穹縣的學士蕭闇初；他曾專程到楚雄，請求大師為他畫一幅觀音大士像。二人在異鄉邂逅，有說不出的喜悅；彼此開懷暢談後，蕭學士就邀請大師到浪穹縣（今雲南省洱源縣）作客。之後，又有孝廉楊紹先等人前來訪會。蕭闇初和楊紹先兩家是親戚，都是巨富人家，各有名園別墅；大師與他們志同道合，便住了下來，一年的光陰很快就於歡樂的相聚中飛逝。

二十七歲（明思宗崇禎元年，西元一六二八年）那年，大師與幾位好友歡聚於梅園。此園離浪穹縣城約二十里，背倚石寶山，面積有十多畝，種了數百株梨樹，一年四季都有可供玩賞的各種花卉，這正是蕭闇初的書齋。大家一同飲酒作樂，正當盡興之際，倏然接到伯父去世的噩耗；大師頓然醒悟，潸然淚下，痛責自身的不孝，未能及時行孝，而遭逢「子欲養而親不待」之慟。

大師原本沒有任何的宗教信仰，竟然在這樣的機緣下，萌生出家修行之念，以期懺悔自身不孝之罪，並且報答父母及伯父生養之恩。

大師對好友們說：「我很不孝，對於父母和伯父的深恩尚未圖報，他們就已經撒手人寰，我實在難逃大逆不孝之罪名。現在決心要出家，以圖懺罪及報恩。我們從此一別，以後不再相聚了。」大家聽後，都睜大眼睛望著大師，認為大師是過度悲慟，而導致一時瘋顛了。

蕭闇初回神後，便對大師說：「你是個嗜酒如命的人，沒有一日離得開美酒，今天怎麼突然提起想要出家茹素一事呢？如果你真要出家的話，不必到別的處所，我就把這座園子供養給你作為修行之用。」

楊紹先接著說：「蕭兄既然有意供養園子，你以後日用所需之物，就全部包在我的身上，我的隨身家僮也留下來供你差遣使用。」

大師回答：「這衣服、飲食、臥具、湯藥等四事，承蒙二公成全供養，實屬我們多生的良緣；但我懇請你們今後葷酒不要再帶入此園，柴米就不限多少。凡是有雲遊四方的僧人或道士途經此處時，我都願意供養他們齋飯。」他們都欣然答應大師的請求，沒有絲毫障難。

之後，大師前往拜訪離梅園二十里外的道觀，並向該道觀的老道士敘說了自己想出家一事。老道士想勸誘大師當他的徒弟；但大師見老道士的舉止沒有威儀，談吐又不符合情理，因而表示尚須再考慮一下，沒有立刻答應成為老道士的徒弟。

大師看見桌上供著一部《皇經》（《玉皇真經》），就想請回園中閱覽。老道士說：「你不是道士，怎麼可以隨便閱讀經書呢？」大師聞言後，立即脫下身上所穿的俗衣，和他交換了道袍。老道士說：「既然你真的有心想出家，就可以請回去閱讀。」大師回到梅園，便將《皇經》供奉在案上，加以恭敬禮拜，並且自己改名為「真元」，號「還極」。

到了十二月三十日，大師寫好一張玉皇大帝的大牌供奉，口中至誠稱誦玉皇大帝的聖號，並且進行禮拜。到了中夜時分，他感到有些睏倦，不知不覺地跪伏在地上睡著了。酣睡中，夢見萬里碧空中，高掛著一輪紅日，放光普照大地。大師走到了一座大寺院前，只見殿宇高廣，外有紅牆環繞，松柏成行，中間有一道門；從門口看進去，裡面有許多僧人，都是身披袈裟的出家眾。大師心生歡喜，想要進去，但殿堂的門檻太高，無法跨越；大師奮力試了好幾次，總算跳躍進去。入了殿堂後，大師覺得自己瞬間由道士變成了出家人的模樣。

大師定神一看，看見在眾僧圍繞之間，有一高高的寶座，其上坐著一位耄耋老僧，身著紅祖衣，慈眉善目，面帶微笑地向大師招手上前去；大師便排開眾僧，走向前去。那位老僧拿了一卷經書給大師，囑咐大師為眾僧宣講法義。大師接過經書後，就站在寶座旁，滔滔不絕地講解經義；與會的眾僧都跪在地上，並恭敬聆聽開示。

大師猛然醒來時，方知原來是南柯一夢。此時，全身已汗流浹背、衣衫盡涇；至於夢裡所講的經義，則全然不記得了。大師心忖，自己終究不是道家門中之人，日後必定會成為佛門之僧侶。此時，天已大亮，正是明思宗崇禎二年，大師邁入二十八歲。

從此，大師每天跪誦《皇經》一部，每隔三日拜懺謝罪一周，做為定課。回向的時候，大師每每涕淚悲泣，祈願將所有的功德皆報答父母及伯父的大恩德。

昔日的相知好友，偶來梅園探望大師時，看見大師以前的俗氣全消，並且精進實修，都十分敬佩、讚歎不已。友人回去後，有些人戒除酒肉，發願終身吃素；有些人則效法大師，想要脫塵出家。從此，梅園方圓百里以內，無人不知蕭家梅園中有一位虔心修行的還極道人。

龍華盛會

離浪穹縣城八十里處，有個三營鎮；在此鎮上，有座大覺寺。崇禎三年（西元一六三〇）春天，寺內啟建龍華法會（註三）。大師二十九歲，於元宵節前往大覺寺參加法會，恰巧遇到主法的雲關法師和籌建法會的各位會首在大殿裡討論法會的事宜。大師整理好威儀，虔誠禮佛之後，進入齋堂坐下。

此時，有一位白髮的居士朝向大師走來，並合掌致禮，問大師打從哪裡來？大師回答：「來自浪穹縣。」他又問：「你曾見過蕭家梅園的還極道人嗎？他的道念和修行如何呢？」大師回答：「我曾經見過還極道人，此人只是徒得好名聲，但不值得與其相見交談。他不過是假裝修行，惑騙群眾、浪得虛名而已；何況，他出家未久，哪有什麼道德修持可言。」那位老居士臉色沉了下來，嚴肅地說：「你既然是一位修道之人，見到他人有德，應當讚揚；知曉他人有過，應當善隱。像你這樣嫉妒同行的道友，如何稱得上修道人！」

這時，剛好有一位居士從外面進來；這位居士認識大師，一見到大師，便高興地向大師作揖行禮。那位老居士看見這樣的情況，便問道：「你認識這位道人嗎？」他回答：「這位就是蕭園的還極道人。」老居士聽後，便說：「唉呀！我差一點當面就錯過了還極道人。」他立即告知主僧和各位會首；大家一聽到還極道人的名諱，便起身向大師作揖問候，並異口同聲地懇請大師主壇。大師婉拒說：「主持龍華法壇者，必須通曉玄門法事；而我只不過是一位靜修者，專門禮誦而已，不適宜主持大法。」他們一再誠懇請求，大師也再三推辭。

後來，大師見眾人的盛情難卻，就說道：「此龍華大法會，必須以『齋僧』為首要任務。你們已經準備好了嗎？」眾人回答：「沒有準備。」大師又說：「如果缺了『齋僧』這一項，怎麼能稱得上勝會呢！這件事，我將勉強承擔下來。一者、我與諸位居士共同莊嚴道場；二者、我可以引導所有善信人士，廣行布施、種植福田。」大家聽到大師的這番話，都深感歡喜，並拜謝離去。

第二天，大師準備拜訪當地的知名人士，勸請他們帶頭發起贊助此次的法會。於是，村民建議大師，可以拜訪當地的艾姓家族，他們是鄉宦之家；以及呂姓家族，他們則身居指揮官。這兩家有聯姻，是翁婿關係，都是當地的富豪之家，而且他們都好善樂施，又是浪穹縣蕭闇初的至親。大師聽後，覺得這樁事看起來有希望能夠成辦，就決定先去拜訪呂家。

大師剛到呂家的門口，恰好遇見蕭闇初派人送禮來呂家，大師就請他順便通報一聲；因此，管家出來迎接大師進去廳堂。一進去廳堂，發現艾氏的護法也正好在裡面；他們都曾經聽聞過大師，但是未曾謀面。大師談起龍華法會齋僧一事，艾氏護法立即響應說：「豈有啟建龍華法會而不齋僧的道理！還極道人既然一肩承當此事，老夫也願意帶頭倡導齋僧。」說完後，他立刻就派人去邀請當地有德望的善信之士來共商此事，大家都樂意共襄盛舉。

翌日，大師身著道袍和草鞋，走在中間，其左右是艾氏及呂氏兩位護法，他們手中各擎舉著一把青色和黃色的傘，鎮裡的鄉耆及善信人士則隨行在後。大眾沿著大街小巷，繞行一周，各自向親友勸募善款，共成盛事。當天所勸募到的財物，共計為三百餘兩的銀錢，以及五百多石的米。

回到大覺寺後，大家立即籌辦龍華法會。首先聘請工匠，建造數十間的草房；其餘的用具和雜物等，則向鎮上的人家借用。只有主責齋食的典座，尚未找到合適的人選。

下午，恰巧來了一位行腳僧，相貌古樸，說話柔和而有力；他的法名「成拙」，是尋甸府的人，前去朝禮了雞足山(註四)歸來。大師見成拙法師樸實可靠，便請他負責法會齋食的典座。他立即欣然答應，並日夜安排齋飯，一點也不輕慢倦怠。由於成拙法師頗有道心，很快便與大師成了志同道合的法友。

在眾緣和合之下，大覺寺龍華大法會正式舉行。每天來參加盛會、享用齋食的雲水僧和道士不下千人，另有孤男、寡婦、乞丐及貧人超過百數。凡是前來設齋供僧的檀越，大師都勸他們禮敬僧眾，以求增長福德；又對大眾開示道：「那些貧窮無依的人，莫不是我們多生多世的父母及眷屬，因為他們前世不供養三寶，也不濟救貧苦，所以今生招來這樣的果報。我們都是肉眼凡夫，看不到輪迴和業果，但應當折服高傲我慢的習氣，恭敬禮拜他們。」與會大眾聽了大師所言，莫不由衷信服，並且遵奉而行，個個法喜充滿。

此龍華勝會堪稱是滇南地區自古以來罕有之盛事。而當時大師尚未學習過佛典，全都源自內心自然流露出的義理。

在法會結束前，大師偶然間聽到各位會首私下議論，要準備禮物酬謝大師。因此，在法會圓滿的前一日，大師就私下向成拙法師辭別，趁著天色未破曉，大師悄然返回浪穹縣的蕭家梅園。

在眾多因緣具足之際，未修習佛典的大師圓滿成就了一場殊妙的龍華大法會。與會的賓客及功德主，不僅獲得財供養，更沐浴於法供養中，大眾莫不嘖嘖稱奇。

【註釋】

註一：弘一大師（西元一八八〇至一九四二年），俗名為李叔同，譜名文濤，幼名成蹊，學名廣侯，字息霜，別號漱筒；出家後法名演音，號弘一，晚年號晚晴老人。弘一大師出生於天津，祖籍是山西洪洞（山西省臨汾市洪洞縣）。

弘一大師的父親是李世珍，是清同治四年進士，官任吏部主事，又是天津大鹽商，還兼營銀號，十分富有，樂善好施，素有「李善人」之稱。

弘一大師排行老三，是側室王氏所生。

弘一大師是學術界公認的通才和奇才，是中國新文化運動的先驅者。他自幼聰明過人，國學根底深厚，對於詩詞、書畫、音樂、戲劇、金石等，無不精通。

弘一大師也是中國第一位開創人體寫生、引進西方美術、音樂現代教育方法的藝術教育家，任教於浙江省立第一師範學校，培養出著名的畫家豐子愷及潘天壽、以及知名的音樂家劉質平與吳夢非等。

弘一大師於一九一六年在杭州虎跑寺參加為期二十一天的斷食，陪他同行者是校工聞玉。他告訴聞玉，在斷食期間，他不會見任何親友，不拆閱任何函件，不過問任何事務；若是家中有事，由聞玉負責答覆，處理完畢，待斷食期滿，再告訴他。這段期間，盡量禁語，整天主要是練字，作印及靜坐。斷食後，其精神發生了重大的變化。次年，他皈依三寶，成為佛弟子，用心研讀經書，並於一九一八年毅然出家。

出家後，弘一大師每日食粗茶淡飯，穿著補丁袈裟，嚴守戒律，創設「南山律學院」，致力於中興佛教的南山律宗，著有《四分律比丘戒相表記》、《南山律在家備覽》，並躬行實踐，成為恪守佛門「三千威儀，八萬細行」的典範，被尊為南山律宗第十一代祖師，是清末民初著名的高僧。

出家後的弘一大師，在藝術方面，只保留了書法；其書法質樸無華，獨具一格，具有「樸拙圓滿，渾若天成」的特色。

弘一大師晚年示疾時，拒絕醫療探問，一心念佛。他告訴侍者妙蓮法師：「你在為我助念時，看到我眼裡流淚，這不是留戀人間，或是掛念親人，而是在回憶我一生的憾事。」

圓寂前三天，大師書寫下「悲欣交集」四字，並自注「見觀經」一紙，交付侍者妙蓮法師，為其最後絕筆。一九四二年十月十三日，弘一大師以吉祥臥式，安詳圓寂。

太虛大師曾贈偈給弘一大師：「以教印心，以律嚴身；內外清淨，菩提之因。」

近代新儒家學派的馬一浮曾輓詩云：「苦行頭陀重，遺風藝苑思；自知心是佛，常以戒為師。」

趙樸初先生對弘一大師在文藝和佛教的貢獻，曾云：「深悲早現茶花女，勝願終成苦行僧；無盡奇珍供世眼，一輪圓月耀天心。」

註二：吳道子（西元六八五至七五八年），又稱吳道元，字道子，後改名為道玄，是陽翟（今河南省禹縣）人。他享有「百代畫聖」、「神人假手」及「山水畫的鼻祖」之稱；他是中國唐代著稱的畫家，以精湛絕倫的畫技而坐擁盛名。他是一位擅長於佛像、神鬼、人物、山水、鳥獸、草木、樓閣等無一不精通的天才畫家，尤其以佛像、神像及壁畫，著稱於世。

吳道子在少年時，曾跟隨張旭和賀知章學習過書法，但是進步不大；後來改習繪畫。由於學習得力，而且勤奮不懈，因此他的繪畫技術突飛猛進；未滿二十歲，其畫技就已經達到窮丹青之妙。他獨創「蘭葉描」的畫法，其所畫的人物衣袖、飄帶，具有迎風起舞之勢，極具神韻，故有「吳帶當風」之稱。其作畫賦色簡淡，敷彩於焦墨痕中略施微染，自然超出縑素，世人謂之「吳家樣」或「吳裝」。

他曾經當過小官，由於生性「好酒使氣」，不適合在衙門任職，於開元初年便辭去官職，從此開始「浪跡東洛」。隨著到處漫遊，善於繪畫的名氣也漸漸傳開，成為當時的「畫壇一哥」。

後來，吳道子的畫名傳到朝廷中，唐玄宗便把吳道子召請至長安的皇宮，讓他專門為皇家畫畫。從此，吳道子不但錦衣玉食，而且跟隨著皇帝巡遊各地；唯一的缺點是失去自由，玄宗命令吳道子「非有詔不得畫」，就像是一隻籠中的小鳥。

開元十三年（西元七二五年），吳道子隨同玄宗皇帝出巡到泰山封禪。封禪結束後，皇帝的車隊返回至潞州，行經金橋，玄宗看見整個儀仗隊曲折縈轉，延綿了數千里，十分壯觀，便詔令隨行的吳道子、韋無忝、陳閎三位名畫家，根據現場情景共同繪製《金橋圖》。三人受命後，由陳閎主畫玄宗及其座騎白馬，韋無忝主畫儀仗隊伍中的狗馬、騾驢、牛羊等動物之類，吳道子主畫橋梁、山水、車輿、人物、草樹、雁鳥、器仗、帷幕等部分。三位同心協力，將《金橋圖》繪製完成後，呈獻給玄宗。玄宗觀賞後，感到非常滿意；凡是看過《金橋圖》者，無不拍案叫絕。

根據《唐朝名畫錄》中的記載，有一回，吳道子跟隨唐玄宗到東都洛陽；當時，張旭和裴旻將軍也在洛陽。張旭是知名書法家，尤其擅長於狂草，人稱「草聖」；裴旻官至「左金吾大將軍」，擅長於舞劍，人稱「劍聖」。玄宗便召請他們三人同時入宮中，各自表演絕技。三聖齊聚，一展絕世超倫的演技，誠屬難得。裴旻開始舞劍，氣貫長虹；張旭於牆壁上書寫狂草，揮毫潑墨；而吳道子作畫，俄頃而就，有若神助。在場的皇親及達官貴人倍感三生有幸，得以在一日之中大飽眼福，獲睹膾炙人口的「三絕」精湛的展演。

天寶年間，玄宗命吳道子赴蜀中的嘉陵江寫生。吳道子漫遊嘉陵江上，飽覽了青山秀水；回到長安，吳道子便在大同殿的牆壁上，洋洋灑灑地將嘉陵江一山一水、一丘一壑盡現筆下；不出一日，三百里嘉陵江的旖旎風光，盡數呈現於玄宗的眼前，這便是後人所稱讚的《嘉陵江山水圖》。由此觀之，吳道子對山水畫的體會，已臻化境。可惜的是，這千古名作《嘉陵江山水圖》卻未流傳於世，我們只能通過史料，憑想像回味那丹青筆墨下所展現出的波瀾壯闊。

根據北宋的《東觀餘論》的記載，廣笑禪師調任長安趙景公寺做主持，特來請吳道子為寺廟繪製壁畫；壁畫的主題是地獄圖，也就是畫出十八層地獄，讓世人有敬畏之心。此畫雖「了無刀林、沸鑊、牛頭、阿旁之像，而變狀陰慘，使觀者腋汗毛聳，不寒而慄。」深刻地描繪出地獄眾生驚恐不堪的表情，其扭曲的面目顯得十分猙獰，故稱「地獄變相圖」。根據史料記載，這幅畫對當時前來趙景公寺瞻仰此圖的長安城百姓造成了極大震撼。觀看完此畫的人，都開始反思自己所造的惡業，內心產生懼罪之感，從此立下修善之決心，並且不再吃葷腥；甚至連屠夫都不敢再殺魚或宰牛，不再販賣魚肉了。如景雲寺的老僧玄縱云：「吳生畫此地獄變相之後，都人咸觀，皆懼罪修善，兩市屠沽，魚肉不售。」

據說，吳道子曾應道觀、佛寺的請求，在東、西兩京的四百多家的道觀和佛寺作壁畫，而且人相詭狀，無一同者，令人嘖嘖稱奇。

吳道子一生作畫無數，每一幅都是中國書畫史上的巔峰之作。例如《送子天王圖》，又名《釋迦降生圖》，乃吳道子根據佛經《瑞應本起經》，描繪了悉達多太子（釋迦牟尼佛）降生後，其父親淨飯王和母后摩耶夫人抱著他去大自在天神廟時諸天神向他禮拜的典故。目前日本有一卷

《天王送子圖》的摹本，現在收藏於日本大阪市立美術館。還有《寶積賓伽羅佛像》、《道子墨寶》、莫高窟第一〇三窟的維摩經壁畫等，都是令人讚歎不已的絕世名畫。

註三：龍華法會乃指對當來下生彌勒佛（賢劫第五尊佛）的禮供法會。依據《彌勒上生經》和《彌勒下生經》所載，彌勒菩薩是本師釋迦牟尼佛（賢劫第四尊佛）在此界授記成佛的弟子；彌勒菩薩所教化的世界，亦是釋迦牟尼佛所教化的世界。

據說釋迦牟尼佛入滅後五十六億七千萬年（另有說是五十七億六千萬歲或五十六億萬歲），彌勒菩薩自兜率天下生人間，出家學道，坐於翅頭城華林園中龍華樹下成正等覺，並且三次大轉法輪度眾生，又稱龍華會、龍華三庭、彌勒三會、慈尊三會，略稱龍華。

根據《菩薩處胎經．卷二．三世等品第五》所載，佛告彌勒：

「彌勒當知！汝復受記五十六億七千萬歲，於此樹王下成無上等正覺。我以右脇生，汝彌勒從頂生。如我壽百歲，彌勒壽八萬四千歲。我國土土，汝國土金，我國土苦，汝國土樂。」

爾時世尊即說頌曰：「如來十力尊，虛空無邊際；忍、慧、福業力，誓願力最勝。汝生快樂國，不如我界苦：汝說法甚易，我說法甚難。初說九十六，二說九十四，三說九十二。我初說十二，二說二十四，三說三十六。汝所三說人，是吾先所化；汝父梵摩淨，將八萬四千，非我先所化，是汝所開度。九十六億人，受我五戒者；九十四億人，受持三歸者；九十二億人，一稱南無佛。初說千比丘，二十四億天，三三十六億，所度諸眾生；汝樂我勤苦，汝怠我精進。」

由上可知，龍華三會中，第一會說法度眾九十六億，乃曾於釋迦牟尼佛處受持五戒者；第二會度眾九十四億，乃曾受持三歸者；第三會度眾九十二億，乃曾一稱南無佛者。釋迦牟尼佛之教法下未曾得道者，至此會時，以上中下三根之別，悉可得道。然而，《賢愚經．卷十二．波婆梨品》、《大智度論・卷三》等，所載之三會度眾人數，則略有出入。

註四：雞足山和中國佛教四大聖山齊名，又有中國第五大聖山的美譽。雞足山位於雲南賓川州（今雲南省大理白族自治州賓川縣）西北隅，西與大理、洱源毗鄰，北與鶴慶相連，是著名佛教的聖地、摩訶迦葉的道場，亦為佛教、道教、本地巫教等宗教的聖地；此山是漢傳佛教、藏傳佛教、南傳佛教等宗派的交匯處。

雞足山原名青巔山、九曲山，由於山勢背西北而面東南，前列三峰，後拖一嶺，形如雞足，故有「雞足山」之稱。中國人認為，此處就是佛經中所記載的「雞足山」。據說，摩訶迦葉尊者在釋迦牟尼佛入涅槃後，持釋迦牟尼佛的衣缽，入定於此山華首門旁的山石中，靜待彌勒菩薩下生於此世間，再將衣缽傳承給彌勒菩薩。此與《景德傳燈錄・第二十四卷》的記載相同：「世尊以金縷僧衣付囑摩訶迦葉，以待慈氏佛下生。」

佛教在雞足山的發展，其一、可能與南方的開發有關。南宋的政治中心南移，雞足山漸為人所知，到了明代就更加著名。其二、許多僧人慕名前往摩訶迦葉道場修行。其三、這裡的自然環境幽僻優美，適宜靜修。其四、這裡是漢地佛教、藏傳佛教和雲南上座部佛教薈萃之處，蘊藏著無數佛教的珍貴文物。

歷代許多高僧大德都曾在雞足山修行，諸如：宋代的慈濟法師，元代的源空法師、普通法師、本源法師，明代的周理法師、徹庸法師、釋禪法師、擔當法師、大錯法師、中鋒法師，以及清末民初的虛雲老和尚等。明代嘉靖至萬曆年間，雞足山有大小寺院數百座，住山的僧眾上千人，處處香煙繚繞。

雞足山的佛教是主要以禪宗為主，提倡心性本靜、佛性本有，成佛在於一念、在於剎那頓悟，使繁瑣的佛教簡易化。然而，後來佛教式微，僧人不守戒律，只是虛現其表，不諳佛法而只是枯坐，便自以為是參禪。

近代中國高僧虛雲老和尚看到雞足山禪宗的祖庭頹廢、僧眾淪墜，心生不忍，於是發願振興十方叢林，重建古剎。此舉得到清朝政府的支持，慈禧太后當時撥巨款，在迎祥寺舊址上重建新寺，光緒皇帝賜新寺名為「護國祝聖禪寺」，賜虛雲老和尚為「佛慈洪法大師」，並賜以紫衣、玉印、金缽等物，頒賜《龍藏》一部。從此，雞足山以祝聖寺為中心，形成龐大的寺廟群，佛教在此再度興盛。

老和尚立定寺院的規約，坐香講經，重振律儀，傳受戒法，四眾求戒者更達七百餘人，重振禪宗地位。因此，雞足山聲名重振遠播，成為東南亞信眾朝禮的佛教聖地。

此外，關於摩訶迦葉尊者入定的雞足山另有一說，認為是位於古印度的摩揭陀國那爛陀寺以南六十四公里處，有三峰屹立、狀似雞足的地方。釋迦牟尼佛住世時，摩揭陀國有一座寺院，名為那爛陀寺，佛陀曾在此說法，後來成為傳播佛法的重要基地。規模宏大的那爛陀寺，曾蒐集多達九百萬卷的佛教藏書，歷代高僧輩出，最盛時期有上萬僧人聚集於此學習經論，培育出許多班智達（意為學識淵博的大學者）。

唐朝高僧玄奘法師曾在那爛陀寺學習多年，帶了很多的佛教典籍返回中國，並完成許多的漢譯經典。他在《大唐西域記》中寫道：「迦葉承旨主持正法，結集既已，至第二十年，厭世無常，將入寂滅，乃往雞足山。」──此處所指的雞足山，乃位於古印度的摩揭陀國那爛陀寺以南六十四公里處；玄奘大師在印度學習佛法時，曾去此處朝聖。

到了十九世紀時，一些考古學家依據義淨、法顯、玄奘等大師的著述，其中引述了雞足山的地理位置；經專家考證，認為是位於那爛陀寺南方六十四公里的地方（亦即離菩提伽耶東北邊的三十二公里處）；龍樹菩薩曾提到的雞足山，亦是指此處。

近年，雞足山上建了一座金色佛塔，並於二〇〇六年恭請第十七世大寶法王噶瑪巴烏金聽列多傑登上印度雞足山頂，為此佛塔開光。相傳，此佛塔乃是為了紀念彌勒菩薩、大迦葉尊者以及無著菩薩而建立的。

第二章　出家·習法

（大師）焚香跪閱至〈世主妙嚴品〉竟，又思初出家夜夢，急欲披剃為僧。

崇禎四年（西元一六三一年），大師三十歲。二月中旬，當時劍川州（今雲南省劍川縣）的李君輔和李君弼兩位兄弟，是學界的名士，他們是虔誠的佛教徒，常去梅園向大師請益。

急欲披剃

他們有一間書室，離劍川州城約三十多里，青松蒼古，赤岩奇秀，極其幽僻，想邀請大師前往靜修。他們與蕭闇初交誼篤厚，就派人送信給闇初。闇初猶豫不決，很難做出決定——若從道友的感情，他難於與大師離別；但從儒友的交情，理應滿足李氏兄弟的請求。因此，大師便建議閻初說：「這裡離劍川不遠，你還是捨己從人為美。」於是大師辭別蕭園，應邀前往李園。

大師在李園，依舊茹素，更加精進修行，讓李氏兄弟增長信心，其兄也發心畢生吃素。

到了六月初，天氣炎熱，大師了為納涼，攀登至赤岩上，找了一塊巨石，盤腿而坐。向西一望，大約五里遠的地方，在群山環抱、樹林蓊鬱之處，想必是一座古剎。大師就起身走向那裡，只見一座茅廬，竹扉半掩，傳出木魚和誦經之聲。等誦經聲止息，大師走進，看見一位老僧，頗有威儀，大師就向他禮拜。

老僧問道：「你們黃冠（道士）之流，大多不禮拜僧人。你從何處來？法號為何呢？」大師自我介紹，自己是來自浪穹蕭園的還極，現在受邀住在赤岩書室。老僧聞後，便拱手問訊，說道：「我曾聽說還極道人在三營鎮的龍華會中，齋僧人及道士，又濟助貧困者，不分門戶貴賤，並且善於開導施主和信眾，空去我相，廣植福田。請問你拜誰為師？看過那些經教呢？竟能如此作廣大的佛事。」

大師回答：「我未曾拜師，也未誦讀過佛門的經教，全憑自己的內心，自然而然這樣做的。」老僧頗感驚訝地說：「你所做的都是菩薩行，可見你具有大慧根。但願你能早日親近高僧為師，剃髮為僧，以便弘揚佛法，化導群生。我時常讀誦《華嚴經》，這部《華嚴經》與你結緣，你請回去後，便可恭敬跪閱此經。佛、道之義理雖有深淺，菩薩的悲願卻是無量無邊；若能勤加研閱此經，日後你不用藉助於別人的開示，自然而然便會發起菩提心。」大師聽後，歡喜拜謝，並請了《華嚴經》（註一）。

大師回到赤岩，開始焚香跪閱《華嚴經》。讀完第一品〈世主妙嚴品〉（註二）時，回想起前年除夕夜所作之夢（出家並說法），心中驟然間生起了希冀能早日披剃為僧的念頭。

七月底，浪穹縣的大寺主妙宗法師，帶來蕭闇初的信給大師，並邀大師一同去朝禮雞足山。大師聞言，正合其意，立即辭別李氏兄弟，並與妙宗法師和闇初二人，一同前往雞足山。

他們於八月十五日到了雞足山，夜宿寂光寺。大師聽說獅子峰有大力和白雲二位老和尚，精修淨業，三十年不曾下山。大師於十八日同妙宗法師和闇初，穿越松林，繞過溪徑，下山谷，登峭岩，到達了靜室。大師一見到老和尚立即禮拜，並請求老和尚慈悲為他剃髮。

大力老和尚詳細詢問了大師的根底和緣由後，便慈悲應允，並請大師準備衣缽。闇初聞言立即說：「既然承蒙老和尚攝受還極道人，他所需的衣缽、齋供等事物，全由弟子我來承擔。」然而，白雲老和尚不同意這樣做，並說：「我觀看此人，終究會成為佛門的大器，決不可草草行事；唯恐他出家容易，道心無法堅持，持戒不能堅固。因此，必須由他自已沿門乞討化緣，以折服他的我慢習氣，考驗他的心志；化緣到衣缽後，再回山上披剃。」

大師心忖：這兩位善知識，一位慈悲攝受，另一位是要折服自己貢高我慢之心，實在令人敬畏。佛門不同於玄門（道家），對於任何事皆慎重而不浮濫。

大師自知因緣未到，含著眼淚說：「和尚所指示的，我會遵照而行。既然登山到了此地，我不忍空手而返，懇求和尚慈悲，賜我一個法名。我雖然未剃髮，暫且作一名心僧。」大力老和尚聽後，破顏微笑，就給大師取了法名為「書瓊」。於是，大師禮拜兩位老和尚後，離開了獅子峰。

大師正在躊躇著下一步該如何做、舉棋不定時，有位名為「月峰」的僧人看見了這個狀況，便走上前問道：「道人，你心中有什麼事，令你猶豫不決呢？」大師回答：「我正在想該往何處去化緣衣缽呢？」月峰法師又說：「從浪穹縣出發，過鳳尾山二百里，就是駱馬，此地盛產鹽，有數萬戶人家，好善多富。我就是那裡的人，最近幾天剛好要回去省師，我們可以同行。」

九月底，大師就與月峰法師離開雞足山，前往鳳尾山，走了半個多月，才到駱馬，住在西山放光寺。這間寺是楊雄家族的香火廟，全家人都樂善好施，寺主是悟宗法師，歡喜地接待他們。由於月峰和悟宗兩位法師對大師的讚歎，全城的善信人士都樂意慷慨解囊；當地的土司（註三）名叫自晏之，和大師非常投緣，彼此互相愛敬。

對大師而言，駱馬原本是人生地不熟之處，竟很快地變成了非常熟絡的地方。雖然大師內心急於回到雞足山披剃，卻被當地的善信施主一再地盛情挽留，因而駐留了將近一年。

出家為僧

崇禎五年（西元一六三二年），大師三十一歲。九月初，亮如老和尚應邀到永昌縣講經，圓滿後返回省城途中，住在東山大覺寺。大師得知此訊後，便與月峰法師商議說：「這裡的善信施主堅持留住，不肯放我離去，我出家的志願因此至今未能圓滿。我打算請求亮如老和尚剃髮，以便隨侍在他身邊參學；

但又擔心這樣做違背了原本想在雞足山披剃的願望，背信於大力和白雲兩位老和尚。這事我該怎麼做較好呢？」

月峰法師回應：「據我所知，亮如老和尚是屬於寂光寺的法脈，曾在寂光寺當了三年方丈；而你的法名，也是屬於寂光的法脈。若是在亮如老和尚處披剃，看似離了雞足山；但就法脈而言，仍然是大力老和尚之法孫，不能算背信，還是滿了本願。出家一事，應當速辦，不要再遲疑不決了。」

於是，大師下定決心後，就與月峰法師離開了放光寺，下西嶺、登上東山的大覺寺，禮拜了亮如老和尚，只說是前來瞻仰供奉，不敢直言想要落髮。承蒙亮如老和尚應允，就移住到西山放光寺。

次日一早，大師焚香向亮如老和尚懇求慈悲為他披剃。亮如老和尚笑著說：「我昨晚夢見一位僧人，身著袈裟，隨從的徒眾很多；該僧人對我說頭髮長了，求我為他剃去。今天恰好應了這一因緣，可見你是一位再來人，可以繼承我的法脈弘法利生。我就為你取名『讀體』，法號『紹如』。我們先選定吉期，你備好五衣，先受根本的五戒。」

大師得到亮如老和尚的應允，深感悲喜交集；一則感嘆自己出家太晚，一則慶幸自己與佛法宿有深因，終於得遇明師。

亮如老和尚卜算決定十月初五日為大師披剃出家。當日，街上的善男信女聞訊，接踵登山來寺隨喜參與剃度典禮。大師正苦於乏人幫忙，一走出寺門，就與成拙法師不期而遇。三營鎮龍華法會一別，至今已有兩年未見；今天相見，似乎是冥冥之中早已註定好的。

大師問他從何而來？成拙法師回答：「從永昌府寶臺山而來，想要親近隨侍亮如老和尚。昨晚我趕到山下，聽說老法師今天在放光寺，要為一道人披剃，原來就是你還極道人。」兩人不禁哈哈大笑，真是不可思議的奇緣。

到了巳時（上午九點至十一點）擺設好法座，便舉行了披剃及受戒儀式，儀式隆重莊嚴。很多善信人士圍座觀禮，如同觀看至親剃度一般，紛紛讚歎不已，久久不捨得離去；一直到齋供完畢，才陸續各自離去，一路上只聽到佛號聲綿綿不斷。

隔天晚上，月峰法師說：「這個地方的善信們常持誦佛經，但未有機緣聽聞法師宣講經義。若你肯慈悲承擔起期主之責，請亮如老和尚慈悲應允講經，就永遠不會忘懷在此處披剃的因緣。」因此，大師向亮如老和尚呈報了月峰法師的提議，並表明自己願意作期主。所謂期主，意即在結制修行的期間，營備必需品以供養僧眾之施主。老法尚慈悲答應講授《法華經》。

從十月初十開始，講經期間，期場所用的什物，都向土司自晏之借用；日用的錢米，則由施主自願贊助。大師白天作期主，兼作知客接待的工作，夜裡則研讀《法華經》的經義，或是覆講老和尚白天所講的經義。司庫內勤的工作委請成拙法師處理，外辦採購則全由月峰法師負責。每天來聽經的四眾弟子甚多，三頓粥飯和素餚，不曾短缺過。

近兩個月，亮如老和尚不辭辛勞地講授《法華經》，終於在十二月初八圓滿結束，信眾供養的錢米尚有剩餘。此舉既可以弘法利生，又能增長道心，可謂福慧雙修。

十二月初九，大師向眾施主和護法告別。初十，大師便隨著亮如老和尚出發，十五日抵達浪穹縣，住在妙宗寺。蕭闇初因出遠門未晤面，楊紹先得知此消息後，便將大師師徒一行人接到他的書院中共度春節，準備迎接新的一年。

同行的道友中，有位名叫偏周，鶴慶府人，是龍華山棲雲庵的僧人。偏周法師見到大師一出家，就擔當了請法的期主，請老法尚弘法利生，功德圓滿，由衷敬佩；他便效法大師，恭請亮如老和尚到棲雲庵講授《楞嚴經》，亮如老和尚亦慈悲答應。

次年（明思宗崇禎六年，西元一六三三年，大師三十二歲）正月十五日，大師向楊紹先及舊友人辭別；他們知道無法挽留大師，就供養路費，但大師一概婉謝，大家感到失望；大師只好收了少許錢財，作為盤纏。亮如老和尚見到大師淡薄財利、息滅貪心，對大師就更加慈愛。

亮如老和尚應徧周法師之請，前往棲雲庵講授《楞嚴經》，大師亦隨侍在側。師徒一行人於崇禎六年正月二十二日到了棲雲庵。

毗鄰的麗江府（今雲南省麗江市古城區）土官，姓木，十分篤信三寶。依當時的規定，不允許土官隨便走出自己的管轄區；但是，木土官只要聽到有高僧大德到達鄰近地區，便會派遣使者迎請高僧入境，並恭請其開示。於是，大師隨侍恩師亮如老和尚同往麗江府。

麗江府的地界是東止金沙江，西至黑水河，南接劍川州，北臨土蕃（西藏）。土官的府第則倚建在雪山下，銀峰高聳虛空，翠林鋪滿大地，環境清靜幽雅。大師及老和尚留在麗江府大約半個月之久，木土官隨時可以向老和尚請教佛法。

大師師徒二人於二月十八日辭別了土官，返回鶴慶府。老和尚於二十日開始講授《楞嚴經》，大師被指派負責後堂；劍川州的了然法師被指派擔任首座，他是石室山萬佛寺的僧人，幼時曾去江南各講堂參學。這一期的講座，則由四大班首（註四）輪流覆講。

當了然法師覆講到「八還章」（意指《楞嚴經》第二卷的第五章〈八還辨見〉）時，其說法逾越了原經旨意，試圖推翻貶低正座亮如老和尚的說法，令眾人感到不服。西堂班首一雲法師的一席話，激發大師一時衝動，就在講堂當眾揭露首座了然法師的過錯，並用清規石處罰他。亮如老和尚知道後，便詢問原委。眾人說：「首座欺昧良心，後堂性情耿直。他們兩人都未向老和尚稟告原委，就起事端，乞求老和尚慈悲饒恕。」

老和尚對首座說：「『八還章』的文字義理顯然明瞭，你卻毀謗法義，因而招來眾人的不滿，你應該好好自我反省。」老和尚又對大師說：「你未稟告師父，就擅自動用清規，理當重加責罰；但依據眾人的評論，算是情有可原，這一次從輕處罰，就罰跪香一炷。」

老和尚又對眾人說：「後堂紹如認真維護經法，將來必能出頭領眾；但他只知道規矩可行，卻不知道人情可諱。」

欣慕大戒

某日，有兩三位剛出家的人來聽經，但他們所現的世俗之態惹人嫌惡。亮如老和尚勸誡他們說：「出家必須先受沙彌戒，再受比丘戒，行住坐臥等應當具備諸種威儀，才能稱為僧人。若不受比丘戒，威儀不具足，就不能稱為僧人，會玷汙了法門的清譽。」

當時大師正侍守在老和尚身旁，聽了這一席話，就向老和尚禮拜並說：「請師父為我授比丘戒，使我成為合格之僧人。」老和尚回應：「我是法師，主要負責講解經論；若是要受比丘戒，則必須請求律師傳戒方可。」

大師又問：「誰是律師呢？」老和尚回答：「律宗現在快要失傳了。南京的古心如馨律師（註五）中興律宗，被尊為律祖，他已經圓寂。他的傳法弟子中，只有三昧和尚（註六）仍大力弘揚毗尼（戒律），現在正於江南一帶傳法。」

大師聞言後，便說：「我要去江南受完比丘戒，再回來隨侍師父。」老和尚又說：「兩地萬里迢迢，你說得倒是輕巧！」大師回答：「就如師父您說的，若不受比丘戒不能叫僧。我之所以捨離道門、歸依佛門，就是為了成為一名真正的僧人；若不能成為真正的僧人，剃髮還有何意義呢！」師父沉默無言，大師便退了出來。

此後，大師經常向老和尚告假，老和尚每次都一言不發。到了四月八日講經圓滿，大師在午後又去方丈室向師父告假。師父見大師意志堅定，說道：「這應當是你的業力所牽引，不管此番求戒的路途是福或是禍，你都要去承受。你就準備啟程吧！」

當時另有幾個人想和大師一起前往，也都向老和尚告假。老和尚說：「你今日準備要去行腳求戒，就有多人跟隨著你。以後若是學得好，你便會成為善知識，否則就成了江湖中的首領。」大師拜謝說：「承蒙師父慈悲授記，我從此要去學做善知識。」

由前述事蹟可知，大師無論說話或處事都具有剛骨正氣，凡事皆依法理而行，絲毫不徇人情；出家後，更是在艱困的環境中精進修持。大師的一言一行，堪為後世的楷模。

【註釋】

註一：《華嚴經》，全名為《大方廣佛華嚴經》（Mahāvaipulya Buddhāvataṃsaka Sūtra），又名為《雜華經》，乃是大乘佛教中很重要的經典之一，被尊為「經中之王」或「王中之王」。

《華嚴經》是佛陀成道後最初三七日（二十一天），或說二七日（十四天）所宣說的自內證法門。釋迦牟尼佛宣說《華嚴經》後，這部經原本並未留傳到世上，而是被龍王請到龍宮供養；當時，大龍菩薩認為《華嚴經》很殊勝，由於閻浮提眾生機緣未熟，不堪受持此經，而將之收藏於龍宮中。

佛陀入滅七百年（或說九百年），南天竺龍樹菩薩聰明絕頂，把世間所有一切經論都讀完，心生驕慢，欲自立為教主；於是，大龍菩薩邀請他到龍宮看藏經，龍樹菩薩在龍宮閱讀《華嚴經》後，便折服慢心。

據稱，《華嚴經》有上、中、下三本。其上本共有十三千大千世界微塵數偈、一四天下微塵數品；「一四天下」的「一」為一須彌山，「四」則是四大部洲（東勝神洲、南贍部洲、西牛賀洲、北俱盧洲）。中本共計四十九萬八千八百偈、共一千二百品。下本則有十萬偈頌、四十八品。龍樹菩薩認為，上、中二本《華嚴》非凡夫智力所能受持；因此，龍樹菩薩只背誦下本十萬偈，也就是四十八品的《下本華嚴》，返還人間後將之誦出並流通世間。《下本華嚴》前面的三十九品陸續傳至中國；然而，後面的九品並沒有傳到中國。

在中國有三種梵文譯本，即：東晉佛馱跋陀羅三藏法師譯的《六十華嚴》，共八會、三十四品、六十卷、三萬六千偈；唐代實叉難陀三藏法師譯的《八十華嚴》，共九會、三十九品、八十卷、四萬五千偈；唐代般若三藏法師譯的《四十華嚴》，只有一品、四十卷、一萬六千七百偈。依其翻譯年代的順序是《六十華嚴》、《八十華嚴》及《四十華嚴》。

雖然《華嚴經》傳到中國並不齊全，但序分、正宗分、流通分已經都完備；所以，唐朝清涼國師（澄觀大師）弘揚此經時，認為這部經已經可以作為全經。近代高僧弘一大師曾建議欲誦《華嚴經》者，可以先誦《八十華嚴》至〈離世間品〉第五十九卷，接著念誦《四十華嚴》，如此共計九十九卷，此乃中國最完整的《華嚴經》之經本。

華嚴的宗旨深奧玄妙，其骨幹則不出「法界緣起」。法界緣起者，謂宇宙萬象乃相互融通：此一物為其他萬物的緣，其他萬物亦為此一物的緣；以一切法成一切法，以一切法起一法，自他相待相資，相入相即，並存無礙，而重重無盡。

大乘佛教有三部公認的「經王」，即《華嚴經》、《法華經》和《楞嚴經》。古德云：「開悟的《楞嚴》，成佛的《法華》，富貴的《華嚴》。」明末高僧憨山大師云：「不讀《楞嚴》，不知修心迷悟之關鍵；不讀《法華》，不知如來救世之苦心；不讀《華嚴》，不知佛家之富貴。」另一位明末四大高僧的蓮池大師亦云：「《華嚴》見無量門，諸大乘經猶《華嚴》無量門中之一門耳。《華嚴》，天王也；諸大乘經，侯封也；諸小乘經，侯封之附庸也。」

在《大方廣佛華嚴經感應傳》中，有這麼一段記載：

唐太宗問隱士孫思邈，云：「佛經以何經為大？」

孫思邈曰：「《華嚴經》為諸佛所尊大。」

唐太宗又問道：「近玄奘三藏，譯《大般若經》六百卷，何不為大，而

《華嚴經》獨得大乎？」

孫思邈回答：「華嚴法界，具足一切，於一門中，可演出大千經卷，《般若經》只是華嚴中一門而已。」

唐太宗乃悟其理，於是受持《華嚴經》這一乘祕教，也叫《大不思議解脫經》。

如《華嚴經》云：「此經不入一切眾生之手，唯除菩薩摩訶薩。一切聲聞緣覺不得此經，何況受持？若菩薩億那由他劫行六波羅蜜，不聞此經，雖聞不信，是等猶為假名菩薩。若有得經卷地，如來塔廟，禮拜供養，彼眾生等具足善根，滅煩惱患得賢聖樂。」此經功用大的緣故，感應也大。

註二：《華嚴經》共計三十九品，闡述了佛教最完整的世界觀。第一品為〈世主妙嚴品〉（Sarva-lokendra-vyūha-naya-prabhāva），全名為〈一切世間主莊嚴法門威德名品〉，共有五卷。依據華嚴宗第四代祖師澄觀大師（賜號清涼國師）所著的《大方廣佛華嚴經疏鈔》中，闡釋此品名——

所謂「世」者，時也，即是世間。又「世間」有三：「器世間」即是化處、「眾生世間」即所化機、「智正覺世間」即能化主。

所謂「主」者，君也，即諸王及佛，主於器界及眾生故。

所謂「妙」者，謂法門體用深廣難思，即主之所得之德能。

所謂「嚴」者，謂嚴飾。乃有多義：一、器世間嚴：謂其地堅固等；二、眾生世間嚴：謂眾海各具法門威德故；三、智正覺世間嚴：謂於一切法成最正覺，三業普周，法門無盡故。所以長行諸王之嚴，偈頌讚德，皆顯嚴佛；眾生不嚴不感佛興，正覺不嚴不能為主，器界不嚴非真佛處。復由佛嚴，顯遇者有德；眾生嚴輔，顯佛超勝。如是互嚴，亦為妙嚴（淨妙莊嚴）。故廣讚諸嚴，以為華嚴之由序。

此品開宗名義闡述釋迦牟尼佛在菩提樹下，成就無上正等正覺的莊嚴善妙，十方聖眾雲來集，無量無邊匯聚於華藏世界，同聲讚歎、尊崇佛陀無量無邊之威德。

註三：土司即土官，是中國邊疆的官職，元朝開始設置，用於封授給西北、西南地區的少數民族部族頭目。明朝實行羈縻（所謂羈，馬絡頭也；縻，牛韁也，引申為籠絡控制之意）統治，是用來安撫少數民族的政策；名義上從屬朝廷，實際則由當地原住民的首領自行統治。

註四：中國的叢林，始於馬祖建叢林、百丈定清規，諸方皆依此方式而設。叢林中除了設有方丈和尚作為僧團的最高領導者外，尚設有「四大班首」，即首座、西堂、後堂和堂主。「四大班首」分別由一人或多人擔任，視叢林而定。他們輔佐方丈共同管理寺院，也就是叢林採多人管理制。班首一般都由戒臘較長或威望較高的僧人擔任。

首座：地位僅次於方丈和尚，常由叢林中德業兼修者充任，其責任是大眾僧的表率，啟迪後進。他（們）會在禪堂帶領僧眾參禪打坐，或在廚房監督執事們做好齋飯。他（們）以身作則遵守叢林的清規，對於違犯戒律者，則依寺規處罰。有些叢林，在首座之上設有「座元」，為眾執事的上首。座元由德高望重的佛門耆宿擔任，否則此執事之位可空缺。

西堂：其地位次於首座，才德不愧為班首。西堂負有教化僧眾、宣講開示的責任。雖然高居班首之位，但處處以身作則，做為其他僧人的楷模。

後堂：其責任是扶贊宗風，做為僧眾的楷模。平時不過問叢林的日常事務，但可受方丈的委託，專管某些事情。

堂主：一般由才德兼備、修行有素的僧人擔任，負有對僧眾開導教化之責。

有關叢林的制度，可以參閱《禪林象器箋》。此書又稱《禪宗辭典禪林象器箋》，共有二十卷，目錄一卷，是日本臨濟宗僧人無著道忠（西元一六五三至一七四四年）所編纂的禪宗辭典。其內容蒐集百丈懷海禪師所制定的〈百丈清規〉以下各種清規，有關禪林規矩、行事、器物等用語，援引古書，並加上作者的按語，一一加以闡明詳釋。本書集錄禪門各種用語的沿革、典故，乃至現代的意義，是研究佛門制度與儀規必備的工具書。全書共分為：區界、殿堂、座位、節時、靈像、稱呼、職位、身肢、叢軌、禮則、垂說、參請、執務、雜行、罪責、報禱、諷唱、祭供、喪薦、言語、經錄、文疏、簿券、圖牌、飲啖、服章、唄器、器物、錢財等二十九類，總計有一千七百餘條，堪稱為叢林制度的百科全書。不過，近代叢林的狀況有所更迭，可能有些許不同。

註五：古心如馨律師（西元一五四一至一六一五年），明代高僧，「古林派」之祖。江蘇省溧水人，俗姓楊，字古心。早年喪父，由母撫育成長。嘉靖三十一年（西元一五五二年）母親過世，深感世緣虛幻無常。萬曆十年（西元一五八二年），如馨律師四十一歲，依止攝山棲霞寺之素安節公剃度為沙彌。平日奉持戒律甚嚴，具備僧人的德行及威儀；對於禮佛誦經，更是精勤不懈。侍奉恩師三年期間，未曾生起一念違背其師的教誨。

當時研究經教的人很多，弘揚戒律的人卻微乎其微。如馨律師感慨地說：「佛法之所以能常住世間，律藏的住世實在功不可沒。」因此，他便潛心研習戒律，以期報答佛陀的恩澤。

後來，研讀《華嚴經‧諸菩薩住處品》，誓從文殊菩薩受戒，於是前往清涼山（即山西五臺山，傳說為文殊菩薩道場），晝夜虔勤懇求。經過三個寒暑，五臺山的寶峰逐漸在望；來到金剛窟附近時，恰是日落西山、餘暉夕照的時分。

正在徘徊遠眺時，無意間看到一個體態枯瘦、頭髮斑白、衣著破舊的老婦人，從樹林間走出來，手裡捧著袓衣（袈裟），並向如馨律師打招呼道：「這位大德！您禮佛非常地誠懇精進，一點也不怕勞苦。我手上捧的這套法衣，原本是您昔日受持用過的，只是中間隔了一段時間沒有穿，現在理應再送還給您。文殊菩薩是很難得見到的，您一心要求見大士恐怕是白費心機；就算是真的見到了，恐怕您也認不出來，又有什麼益處呢？」

如馨律師聽了，一言不發，遲疑不決。這位老婦人轉身離開，並回頭喚道：「大德比丘！我就是文殊！」如馨律師急忙趕上前去，想向文殊菩薩請教益，但大士的蹤影已經消逝不見，只留下了法服。如馨律師只有低泣著頂禮後，緩緩踱步前往附近的寺院。

恰巧寺裡的僧眾夢見神人囑咐道：「優波離（釋迦牟尼佛的弟子，有『持戒第一』之稱）尊者要來了，你們快去迎接頂禮。」僧眾們將夢境傳開，大眾都曉得此事，沿途信眾們擺設了各式各樣的香花供養。

如馨律師在妙德庵掛單，學習戒法。又感應到五臺山的五處主峰同時放光，在寶光之中，見到文殊大士現身為他摩頂，頓悟五篇、三聚心地法門，視大小乘律如從胸中流出。

歸鄉途中，經南京，巧遇長干寺（報恩寺）塔修治之際，因安置眾人所不能舉之塔頂，因而獲得「優波離再世」之稱。

後來，如馨律師到各地遊訪參學。明神宗萬曆十二年（西元一五八四年），當他抵達金陵（今南京）時，重振觀音庵（此庵為南朝寶誌和尚所建），並改名為「古林寺」。當時各方的高僧大德紛紛聚集於此，古林寺很快地成為一方寶剎。此寺被奉為「中興戒律第一祖庭」，有「天下第一戒壇」之稱。在清代，古林寺與香林寺、毗盧寺並稱為南京的三大名寺。

萬曆四十一年，明神宗特地頒旨，延請如馨律師重返五臺山，並詔建龍華大會於五臺山聖光永明寺，授千佛大戒，又命司禮內臣張然代表皇帝接受在家菩薩戒。

當如馨律師陞座主壇時，天空中出現了五色祥雲，猶如蓋子般在法壇上空盤旋。內臣張然回朝後，將此瑞象向聖上稟明，神宗皇帝便賜號「慧雲律師」，並贈予金頂毗盧帽、千佛珠衣、紫金缽、錫杖等法衣法器。傳戒法會功德圓滿以後，如馨律師仍回返古林寺，繼續弘法利生。

如馨律師歷住靈谷、棲霞、甘露、靈隱、天寧等諸寺，開壇授戒三十餘處，徒眾約萬餘人。

如馨律師重興南山律宗，世稱中興律祖，法系稱「古林派」。他編纂《經律戒相布薩軌儀》一卷，其法嗣有蓮宗性相、大會永海、三昧寂光等。

神宗萬曆四十三年（西元一六一五年），如馨律師示現圓寂，世壽七十五歲。皇帝命人繪其遺像供於大內，並題贊曰：「瞻其貌，知其人；入三昧，絕六塵；昔波離，今古心。」

註六：三昧和尚即三昧寂光律師（西元一五八〇至一六四五年），明代高僧，律宗千華派的創始人。俗姓錢，字三昧，廣陵（江蘇江都）人。二十一歲時，依止淨源法師出家；之後，親近雪浪大師學習賢首及教觀。其後遍尋名宿，甚受紫柏真可、雲棲袾宏諸位大師的器重。後來，依止古心如馨律師受具足戒，精研毗尼，弘傳諸方。

如馨律師傳戒於五臺山，任命寂光律師為副座，助其教授。

寂光律師三十歲至三十四歲（一六〇九至一六一三年），閉關於九華山。冬夏一衲，不設臥具。一夕起行，內外洞達，遍體通明，徹見戒體。後隱居司空山，註解《梵網經》。

寂光律師三十五歲至四十一歲（一六一四至一六二〇年），六載駐錫於江西省廬山東林寺（即廬山的東麓）。當時應信眾堅請，開法於廬山東林寺。陸地忽透千葉白蓮（十八朵）。昔時慧遠大師（三三四至四一六年）圓寂前曾對大眾云：「若有白蓮重開，吾當再來教化矣。」自晉迄明，枯而不榮，池久為地。寂光律師到此山，白蓮自開。世人遂稱寂光律師為慧遠大師再來。又於塔龕中，得晉陶侃所奉文殊金像，憨山大師目驗，為記刻石。

寂光律師五十三歲（一六三二年），主法清涼山龍華法會，感文殊放光現壽獅像，聲動京師。山西的僧俗四眾弟子聞訊，虔敬迎請。寂光律師入五臺山，建龍華大會，弘敷戒法，感得藩妃的誠敬皈依。

寂光律師五十六歲（一六三五年）三月，見月大師至五臺山，初謁寂光律師。五十七歲（一六三六年）春天，開戒於長椿、大佛二寺，撰著《梵網經直解》，復興揚州石塔寺，感得舍利流輝。

寂光律師五十八歲（一六三七年），這年傳戒數場。正月，於石塔寺開戒。二月初八至四月初八，在丹徒縣海潮庵傳戒。四月二十日，於揚州慧照寺開戒。六月二十日至七月十五日，在石塔寺啟建盂蘭盆會，期間講《孝衡鈔》。八月十五起，於泰興毗尼庵開戒。十二月初一至次年正月十五日，於高郵承天寺傳戒。

一六三八年，寂光律師五十九歲，該年傳戒四場。正月二十日至三月中旬，在揚州善慶庵開戒。四月初八，於邵伯鎮開戒。六月中旬至七月十九日，在淮安清江蒲首檀度寺開戒。十月十五日於南京報恩寺開戒，該寺佛塔放光二十餘夜。後來，受都人之請，振興寶華山隆昌寺，因而寶華山成為我國傳戒之重鎮。

寂光律師六十歲（一六三九年）正月初九，乘船回石塔途經龍潭，參訪寶華山，見其人稀寺空，因而發願中興祖庭。四月入主寶華山，任命見月大師為監院。

寂光律師六十一歲（一六四〇年），寶華山每年春冬二次開戒，從此建立。

寂光律師六十二歲（一六四一年）正月，於松江府超果寺傳戒。五月二十八日至七月初一，在江蘇省常熟縣福山廣福寺開戒。臘月初八，於南京棲夏觀音庵開戒。這年，寶華山改建山門朝南。

寂光律師六十三歲，明崇禎十五年（西元一六四二年），奉荊王之召，重興溈仰道場。

寂光律師六十四歲（一六四三年）三月初一，於揚州府光教寺開戒。六月初一至十月初八，在太平府白苧山開戒。十月初一起，於南京萬佛閣開戒。

寂光律師六十五歲（一六四四年），二月至四月初八，在蘇州北禪寺開戒。

七月十五至十月十五日，於大報恩寺開戒，並奉旨重修，敕住報恩寺。

寂光律師六十六歲（一六四五年，明弘光元年／清世祖順治二年），弘光皇帝（即朱由崧，原為福王，後即位為明安宗，為南明首位皇帝）御敕寂光律師於金陵設壇，識薦崇禎皇帝，並傳戒法。欽賜紫衣白金，敕文武百官迎謁於寺，並封寂光律師為國師。

其後，寂光律師應魯王之請，於紹興能仁寺弘戒；又主嘉興三塔寺戒壇。

寂光律師受潞王之請，登杭州昭慶寺戒壇，勤瘁傳戒。期畢，於五月二十六日，返回寶華山。

六月初一日，寂光律師預知時至，告知侍者，將於初四日午時西歸，云：「吾忝大明律師，說法利生，以答四恩，垂四十載。吾願畢矣！」

寂光律師鳴犍槌，集眾集會，取紫衣戒本，當眾將寶華山的法席傳給見月律師。

三天後（六月初四），寂光律師又集眾雲集，取淨水沐浴，告訴眾僧道：

「吾水乾即去，汝等莫作去來想，不可訃聞諸方。凡世俗禮儀，總宜捐卻，三日後即葬寺之龍山。」請大眾念佛，結跏趺座，水乾，微笑圓寂。世壽六十六歲，法臘四十一年。三日後，奉塔於寶華山千華社龍山，額曰「光明金剛」，謚號「淨智律師」。

綜觀寂光律師一生，足跡遍及海內，臨壇說戒一百多處，修建佛寺達十餘所。寂光律師專弘律法，開創律宗千華派。著作有《梵網經直解》、《十六觀懺法》，其中《梵網經直解》清乾隆時曾由福聚奏請編入大藏經。其嗣法弟子有香雪戒潤、見月讀體等，都是一代弘戒律師。

第三章　萬里求戒（一）

（大師）謂成拙覺心云：「多生曾與彼種不如意因，今當還報，可作善知識想，成就我等忍辱行，切勿起怨恨心。」

明思宗崇禎六年，大師三十二歲。四月初八日申時，離別棲雲庵，走了二十五里，到一小庵借宿。成拙法師於二月中旬先上雞足山，與大師約好於四月二十日在大理府三塔寺相會。

近鄉情怯

大師如期到達三塔寺，但尚未見到成拙法師。第二天，大師前往感通寺參訪，成拙法師才趕到。從此，他們兩人相伴不離，一同南下，走了四天，到了北岩山谷烏寺，遇見一位在俗家時相識的老友，他已在該寺出家，正在施茶。

彼此相見，都十分訝異，互述了別後的經歷。這位老友對大師要南下求戒，甚為敬佩；自嘆年老體衰，不能隨同求戒。大師勸他專修淨業，他便立願終生念佛，以期求生極樂世界。在此住了十天，大師向老友告假，便與成拙法師繼續南行。

五月初二，大師的家鄉已在眼前，他們借宿於離城十里的金贍寺。夜裡，大師回憶起自己不能奉養雙親，又不能親葬伯父，不禁潸然淚下，淚水沾溼衣襟。大師又想起自己撇下兩個弟弟修道，迄今已經過了好幾個年頭，不知道他們流落到哪裡？現在依附在誰的家裡呢？是否曾遭遇過什麼困境？倘若這次自己不與他們相見就遠行的話，今生恐怕也再難相見了。

等天一亮，大師立即找成拙法師述說了自己的心事，成拙法師也贊同大師去探望一下弟弟，他們便走出寺門，準備尋找弟弟。但走了幾步後，大師便停下來，再三思量，思前又顧後，悲嘆不已！

他思忖：倘若現在還牽掛手足之情，一見面自己必然會再墮入業力之羅網中，無法自拔；如此一來，不但無法如願地圓滿完成受戒的心願，而且今後恐怕再也無法報答父母、伯父的生育和養育的深恩。大師心中頓時感到惆悵萬分，痛定思痛，決定「辭親割愛」，斷捨小愛而成就大愛。

再者，想到每個人都有各自的定業因緣，凡是人生在世，貧富苦樂、壽命長短，都是前世自作之業所招感，今世各自領受業報，縱然是父子至親也不能替代。只恨自己的功力不足，不能前去親見弟弟一面，心中感到無限惆悵，也了解這不僅是背忘仁義，而且缺乏慈悲心；然而，如今在百般無奈之下，大師也只好出此下策。目前只能發願，將自己修行的功德回向給他們。於是，大師毅然地擦乾了眼淚，繞城而過，遙向西山祖宗的墳墓跪地叩拜；此時心痛如絞，淚水如雨水般流個不停。

雖然雙足無力，舉步維艱，大師仍勉力前行。他們終於走到了廣通縣，進入了一座古寺中掛單一宿。

第二天，在前往祿豐縣的路上，遇到一位名叫周之賓的親戚，從省城返回楚雄。他老遠見到大師，就高聲叫道：「許衡霄，你住那裡呢？何時出家的呢？現在要到哪裡呢？」大師回答：「我在雞足山出家，現在要下江南，準備受具足戒，以及參學。」他問大師：「你是否要捎個信給家人呢？」大師回應說：「捎信也說不清楚；只是，兩位弟弟還望你多加關照。」大師一邊回話，一邊仍繼續向前走，並未停下來。周之賓還想再多問一些問題，但大師悲從中來，哽咽得說不出話；周之賓站在路旁，望著大師走遠了，才返身離去。

成拙法師見狀便說：「既然你不回去與弟弟相見，至少也該捎個音信回去。」大師說：「手足親情，必須快刀斬亂麻，立刻切斷才好；若是捎個話給家人，恐怕再引生牽掛，難以斬斷親情。古人云：『心如鐵石，志願方堅；情愛不忘，至道難成。』」

走了幾天，眼看省城就在面前，大師一行人進了碧雞關。此關峰巒秀拔，乃為群山之首，俯瞰滇池，一碧萬頃，十分壯觀。大師與成拙法師搭船渡過滇池，登上岸邊。他們進入省城，投宿在城外的彌勒寺。同行的幾位法友想去各寺院參學，大夥便在此處掛單數日。

次日一早，大師擔心會再遇到親友而受到阻攔，就先動身前往松華壩。出了金馬關，到達板橋驛，住了一夜。

成拙法師的俗家就在尋甸府，後來他在楊林以納寨的觀音庵出家，離此不遠。因為順道，他便邀請了法友們一起去看望他的師父。他們過了兔兒關，在何有庵掛單一夜，第二天早上才與大師相會。

大家一同拜會成拙法師的師父，其師為人十分厚道，兄長則十分樸實，都是修行人。他們歡喜迎接大師一行人，盛情款待並挽留他們，彼此談論經典的要義，以及分享修行的體悟。他們住了半個月，彼此互道珍重，大師一行人繼續行腳。

行腳艱難

數日後，抵達曲靖府（今雲南省曲靖市），到了破秦山（註一），附近有座古寺，大師一行人就在這裡掛單。此時，大師對同行的法友說：「我們大夥這次遠行，並不同於尋常的遊方僧，只是為了賞玩沿途的景觀，而怠忽修正業。我們應該設置一架羅漢燈，上方可以燃燈，下方可以貯油；白天挑著行走，夜裡做為照明。大家每天晚上輪班值守，用過藥石後，於戌時（晚上七點至九點）點燈，大家圍坐在燈前，每個人依照各自所學過之經典，或是讀誦經文，或是闡述經義的要旨，或是分享個人的體會，彼此互相交流、共同增上，到了中夜（晚上十點至清晨兩點）放參（註二）。以此作為我們行腳的定規。」大家都一致同意遵行。

到了平彝衛（今雲南富源縣），經過滇南的勝境關，便出了雲南省境，進入貴州省。大師一行人走過一自孔（亦資孔），進了普安州（今貴州普安縣）。又走了幾天，過關索嶺。此嶺地勢高峻險要，周廣有百餘里，在嶺巔上設有一座軍營以及關索廟（註三）。

大家走了數日，過了盤江，山路崎嶇不平，上下陡峻險惡。頃刻間，突然降下滂沱大雨，山澗的小溪瞬間變成吼聲如雷的瀑流，彎曲的山路都成了河溝，狂風從四方吹來，形成了漩渦，路面泥濘，單身難以行走。雨水從頭頸狂潑而下，灌滿衣褲，寒徹肌骨，兩腳橫跨而行，如跨騎浮囊。各自數度解開衣帶瀉水，猶如打開閘門洩洪一般。

大師對同行者說：「古代高僧參學，歷經千辛萬苦，甚至捨身求法，他們都不以為苦。我們不要因為這場大雨，而退失求道心；有了今日的經驗，將來我們才能對別人炫耀行腳的驚險經歷。」大家聽後，便會心大笑，打起精神，彼此互相攙扶，相助而行。

天色漸暗，一行人好不容易到了山下，掛單於大願寺。此時，恰巧遇見一位從江南來的僧人，大師向他打聽途中的情況。他說：「此時行腳，最是艱難，遍地盜賊肆虐，汙濁不堪。若是出家僧人的裝束，尚可保命，否則恐怕連性命都難保。」

大師一行人在大願寺掛單十天，整裝再發。大家過了盤江的鐵索橋，眼前一片鬱鬱蔥蔥的樹林，以及險峻的山崖；底下則是滔滔不絕的江水，奔激如箭，此處正是連通雲南與貴州的要津。

次日，大家走到安莊衛的山徑，路面砂石凸凹，峻嶒盤曲難行。此時，大師的鞋底磨破，難以再穿，索性脫掉，赤腳而行。走了數十里，天色已晚，找到一座荒寺歇息過夜。大師的雙腳已經腫脹得像是沒了腳踝，疼痛得猶如火燒錐刺。深夜暗自思惟：自己身無分文，此處是孤庵野徑，無處可以化緣，不應在此久留，明早必須動身。

大師心忖：世間人為了追求此世的功名與富貴，尚且須忍耐很多艱辛，方能如願。如今為了出家修行，追求解脫之道，豈能因為受一些皮肉之苦，就退失當初的願心呢？

天一亮，大師便咬緊牙關，勉強而行。起初腳跟痛得無法觸地，須拄著棍杖慢行。大約走了五、六里路時，雙腳痲木，彷彿感覺不到還有雙腳，也不再覺得痛了。途中沒有歇息之處，到了傍晚，一行人已走了五十餘里，投宿於安莊衛庵中。翌日，大師化緣了一雙草鞋，此時雙腳已破皮長繭，勉強穿上草鞋而行。

某日，有一個江湖中人開始跟隨在大師一行人後面，連走了數日，連夜宿都不離開，大師察覺情況不妙，恐其傷害大眾。次日午後，大家走到一小河，上有獨木橋，長約兩丈多；大師讓成拙法師等人先過橋，自己緩慢走在後面，那個人也尾隨而來。正當走到橋中間，大師突然大喝一聲，把他嚇得跌落河中，並訓斥他說：「你從今以後應該洗心革面，做一個堂堂正正的人。」他當下面紅耳赤，爬上岸邊，低著頭朝向另一條路離去。

抄經聞法

在十月初，大師一行人到了湖廣武岡州，投宿在止水庵。其住持異卉和尚，頗有道心；他聞知大師一行人從雲南遠道來求戒，內心十分敬佩，便留他們住下來過冬。

某天，異卉和尚請大師到方丈室喝茶，大師見其桌上有一部《法華知音》。昔在雲南時，大師曾聽亮如師父讚歎過這部經書，因而想借來抄寫，異卉和尚慈悲應允。住持的師弟中立法師，平日好學不倦；他知道大師想抄寫經書，但是沒有紙筆，便主動提供所需的紙筆。

這年冬天特別寒冷，每日下著大雪。由於屋內空曠，北風颼颼灌入，大師身上只穿了一件單薄的衲衣，頗覺寒凍，仍孤身坐在板床上，縮著頭認真抄寫經書。雖然手指凍得僵直皺裂，筆墨甚至結冰，大師依舊勤於抄經，無有懈怠。

異卉和尚與師弟二人，看見大師堅志勤學，更加敬重，便贈給大師一件棉襖。大師有生以來第一次穿上棉襖，不僅身體感到溫暖，內心亦倍感溫馨。

此時，同行的幾位法友與大師辭別，結伴前去朝海，只有成拙和覺心兩位法師留下來陪伴大師。

武岡州原本屬於封藩岷王的領地。有一位岷王的宗室，名為煙離，喜歡鑽研書法和繪畫，與異卉和尚有交往。十月中，他踏雪到寺，拜訪異卉和尚。他帶來一張大畫紙，並貼在牆上，想以唐朝詩人柳宗元的〈江雪〉一詩中的「孤舟蓑笠翁，獨釣寒江雪」為主題作畫，繪一幅「寒江獨釣圖」。他用木炭條起稿數次，仍然拿不定主意。大師站在一旁觀看，就說：「凡是作畫者，必須意在筆先，下筆時不假思索，一氣呵成，才能傳其神韻；若是再三揣摩不定，恐怕會失去天然之妙趣。」

煙離回頭看著大師說：「說起來容易，做起來困難。你能做到嗎？」大師笑著說：「略懂得一些。」他把筆遞給大師，並說：「請畫。」大師接過筆，先在心中打好腹稿，接著一揮而成，把筆放在案上。煙離見畫，由衷佩服，讚不絕口，並對異卉和尚說：「僧人中著實隱藏了不少高手，請把這幅畫掛在庵裡，以作留念。」

此後，煙離經常來寺中向大師請益。後來，他親筆寫了三份手卷，分別贈送給大師、成拙法師和覺心法師，敘說他到處參訪善知識的經歷。

明思宗崇禎七年，大師三十三歲。正月初五日，和宜法師在離止水庵六十里的梁家庵開講《楞嚴經》，中立法師邀約大師他們一同前往聽經。成拙法師因未曾讀過《楞嚴經》，便先去寶慶府（今湖南邵陽市）五臺庵拜謁顓愚大師（註四）。等待講經完畢，大師他們再往寶慶府與成拙法師相會。

大師和中立法師、覺心法師等三人來到梁家庵，聽眾只有二十多人，每人各出一石的米及一兩的銀子結社。中立法師繳交了財物，大師和覺心法師則只有隨身的衲衣和蒲團，沒有錢、米可繳納。中立法師向和宜法師說明此事；法師知道大師他們從雲南遠道而來，便特許免除他們的錢米，慈允大師他們可以隨眾聽經。

大師對覺心法師說：「佛法乃和宜法師慈悲法施，飲食來自眾人出資共備，我們不能空受此恩。」因此，大師和覺心法師兩人自願為大眾做雜務，主動收洗碗筷、掃地及擔水。四月初一日，講期圓滿。中立法師仍住庵中，大師和覺心法師辭別大眾後，便前往寶慶府，掛單於大報恩寺。

該寺的方丈自如法師，是雲南人。大師聞知後，便去參禮，並向自如法師敘說了自己出家因緣和南下參學的經歷。自如法師聽後非常欣喜，便稱大師為師弟。大師請問其因由，自如法師回答：「我本是劍川州人，在石室山出家為僧，自幼便從跟隨亮如老法師學習經教，共依止六年，深深領受老法師的佛法教誨，卻一直沒有互通音訊。今天見到你，猶如見到師父老人家；所以若論法親關係，應呼你為師弟。你在雲南可曾聽過師父開示什麼經嗎？」大師回答：「曾聽聞《法華經》和《楞嚴經》，但只是種點善因，並沒有領悟其義。」

自如法師又問：「今日你從何處而來呢？」大師回答：「從武岡州梁家庵，聽完和宜法師講授《楞嚴經》後，才來此處。」自如法師說：「和宜法師是我的同參道友。這次你來得正是時候，顓愚大師新近撰寫了一部《楞嚴四依解》，諸位護法居士請求印行流通。顓愚大師命我在此寺代座宣講，聽眾已有一百多人。正缺少一個管理後堂的執事，師弟恰好可以擔任此職事。」大師說：「請允許我掛散單即可，班首之職萬不敢當。」

自如法師說：「獅子之兒，不須過於謙虛。我立即為你置辦僧服鞋襪，進堂主事。」大師請求自如法師能應允兩件事：「一、願我仍衲衣蒲團入堂。二、懇請方丈不要經常為我加餐；只要能聽聞經教，飽餐法味，我便十分感恩與滿足。」自如法師聽後不以為然，堅持請大師更換新的法衣入堂主事。

當時有位野溪法師，是顓愚大師的弟子，最近到大報恩寺聽經。次日，野溪法師前往五臺庵朝禮顓愚大師。顓愚大師問及講期中之事，他便把大師的來歷以及所懇求的兩件事向顓愚大師稟報。

顓愚大師聽後，便說：「我年幼時，曾在北五臺竹林寺依止月川大師，隨眾聽講，也是衲衣草鞋，杖笠蒲團。日後行腳，參訪天台、南嶽等地，一直到此處（寶慶府），也是依然如故，不曾更改。後來，因為檀越居士們建了此庵，請我常住於此。他們跪地雙手捧著新的衣履，請求我更換，若不接受則長跪不起。因此，我才隨順更換新的衣履，目的是為了讓他們增長信心。我經常看到一些禪和子（參禪人的通稱，有親如夥伴之意）不願改變這種習氣，大都喜愛好物，難得看到願意特立獨行的。今日聽聞雲南來的這位僧人，能不被境轉，倒是有幾分像我當年的作風。你回去告訴自如法師，隨順他的本志，不要勉強他，如此也可以樹立典範，教誡寺僧不應多貪。」

野溪法師回寺後，轉達顓愚大師的建議，自如法師也就順從了大師的請求，任其衲衣蒲團入堂。堂中眾僧中，有些僧人讚歎大師簡樸、頗有古德之風，也有些僧人譏諷大師喜好標新立異。大師對於這些譏諷和讚譽，一概不加理會。

講期開始後三日，方丈命四位班首覆講，按輪流次序，每人要講六次。但因西堂班首因事外出請假，首座亦抱病請假，只剩大師（後堂）和堂主輪流覆講。堂主可度法師，是南嶽荊紫峰無學大師的法嗣，稟性純厚，勤苦好學，與大師志同道合，彼此互相敬重。從《楞嚴四依解》的第四卷以下，全由大師與可度法師兩人輪流覆講，深得聽經者的好評。

講期圓滿後，自如法師帶領眾僧至五臺庵禮謝顓愚大師。此時，顓愚大師正跏趺坐於傘下禪修，所以又別號「傘居道人」。自如法師禮謝顓愚大師後，便回大報恩寺。顓愚大師請大師留下，並一同在傘下進餐，菜餚是一盤苦瓜。顓愚大師先挾了一塊苦瓜入口，示意請大師也進食。大師亦挾了一塊苦瓜，放進口中，其味苦澀，難以下咽，又不敢吐出來。顓愚大師見狀，便微笑對大師說：「吃苦瓜是先苦後甜，修行作善知識，也是同樣的道理。」大師禮謝顓愚大師的開示。

顓愚大師問道：「你有些骨氣。今後打算去哪裡？」大師回答：「從雲南動身時，原本是為了追尋三昧和尚求戒，受完戒後，便隨緣參學。」顓愚大師說：「三昧和尚是當今真正的律師，你可以去受戒。至於隨緣參學，可須慎重。江南叢林，大多半的講席都規矩不嚴，人多狂妄傲慢。如果你覺得不適應，便回來我這裡，切莫隨波逐流，退失道心。你只須精進修行，將來必是法門的棟梁。」顓愚大師請侍者拿一套自己撰寫的著作，贈給大師，並再一次勉勵大師說：「你要效法我的操行及修持。」大師接過這些書籍，再次拜謝。

次日，大師、成拙法師與覺心法師辭別了顓愚大師，一同去朝南嶽（註五）。

他們三人從寶慶府出發，走了五天，經過楊柳塘，登上後山，遊賞九龍坪和古大坪，坪側有雉潭一泓。據說，三昧和尚行至此潭時，有條龍化為雉雞，從潭心鼓翼而出，三昧和尚就為牠授了三皈五戒。大師他們又參訪了茅坪等佛寺，繞過天柱峰、煙霞峰，直上祝融峰，又下至南嶽大廟（註六），晚上掛單於施茶庵。

一宿難求

某日，遇到一位行腳的雲水僧，大師向他打聽途中的情況。他說：「現今流寇（註七）猖獗，經常在常德（今湖南省常德市）、澧州（今湖南省澧縣）、公安（今湖北省公安縣）、荊州（今湖北省江陵縣）一帶流竄，各處路口、關隘防衛甚嚴。官兵也趁火打劫，常搶奪僧人的行李，甚至反誣其為奸細，造成很多的冤獄，倍受凌虐。奉勸諸位師父切莫下山，枉受欺凌。」大師聽後，內心雖有警覺，但求戒之心仍不退卻；否則，行腳數千里路豈不白費了。

大師向庵主詢問，是否另有其他的道路可以避開官兵與流寇；庵主回答：「世道如此混亂，諸位師父還是暫時先住下來，等局勢安定些，再走也不遲，切莫心急。」大師則云：「我心意已決，時間是不等人的。請你指示一條明路，我由衷感激。」

庵主見大師去意堅定，便說：「是有一條小路可行，但非常荒僻，盡是山嶺深壑，不易行走，因而少有行人。此路須從黔陽（原湖南省黔陽縣，已於一九九七年撤銷）通往會通縣，再往呂林縣，經過普安的慈化寺，之後走萬載縣，再到瑞州府，便可以到江西的省城。這條小路可以避開流寇作亂之處。」

次日一早，大師他們三人依照庵主所指示的路線啟程，果然是重重山嶺，十分荒蕪，途中不見村舍，亦不見其他的行人。他們沿途忍耐飢渴，有時清晨一餐，便一直支撐到晚上，有時甚至連早餐也沒得吃就趕路，每日行程不下七、八十里路。歷經了半個多月，披星戴月地趕路，終於繞道行至江西省，掛單於塔下寺，休息了三天。繼續走至德安縣，朝禮廬山，以及參訪歸宗、開先、五乳等名剎。

某日，大師他們行至萬松庵前，天色已暗，便上前敲門，請求借單；庵中有一僧人前來應門，一見到他們，竟然怒氣沖沖，把門砰然關上，不准掛單。

此時，天已盡黑，明星高照，見路旁有一塊大石頭，石頭的下方有一丈多的空間。他們三人擠了進去，放下蒲團，坐著等待天亮。不一會兒，庵門又開，那位僧人竟出來驅趕他們。大師他們自嘆與此僧無緣，並悲憫其愚癡造惡業，不加理會。

他們在石下，強坐了一夜。待天將曉，三人便起身，順路而行。到了荳葉坪，用過早餐，又遊歷了晒谷石、仰天坪，以及金竹坪。太陽將要西下時，便至東林寺掛單。

寺內的禪堂在後面，雲水堂只有三間，十分冷清，遍地荒草已高達一尺許，牆頹瓦脫，門窗全無遮擋。寺中有一無梁殿，大師他們進去禮佛，只見灰塵厚積，四處皆鴿雀之糞。大師與成拙法師將佛殿打掃乾淨，蒲團放在佛像左側，商議著在此念佛通宵，才不虛此古白蓮社之行。

此時，當家僧從內走出，指責他們未先告知執事，便私自住進大殿裡，因而不許他們掛單；他一邊大聲呵斥，一邊驅趕他們，一直驅趕至山門。當時，有一位化主老僧留大師他們吃飯及住宿，該當家僧又前來責備老僧，並且取水將地潑溼，不讓他們放置蒲團坐臥。大師他們三人便謝別了老僧，走出山門。

大師對成拙法師和覺心法師云：「多生以來，我們一定和那位當家僧種下不如意的業因，今日該受此果報。其實，我們應把他視為善知識，成就我們修忍辱，千萬不可生瞋恨心。」

由於一時找不到棲身之處，成拙法師提議：「剛才來的途中，有一片稠密的樹林，我們可以去那裡過夜。」於是，他們便往那片樹林走去，原來是一座古墓。三人鋪下蒲團，席地而坐。此時，曠野空寂，又無月色，一片黑漆，不見五指。

至初夜時分，忽聞一聲擒賊，四下一齊喊抓賊！此時，大師對成拙法師和覺心法師云：「如果是那位當家僧下毒手，率人追來捉我們，不分青紅皂白，我們有口也難辯清，便是我們的定業。」

天一亮，遠處傳來車馬的鈴聲，方知外面是大道，內心才安定下來。三人走出樹林，見田中有人在耕種，便向前詢問：「為何昨夜四處齊聲吶喊抓賊？」他回答：「此時田中麥子成熟，為防賊人盜取，所以夜裡村民齊聲吶喊，目的是嚇唬盜賊。」大師他們三人聽後不禁呵呵大笑。

他們三人隨即到西林寺參禮，借住一宿。次日一早，前往九江府，太陽已沉西，城外各庵都不留宿，說是地方官府嚴禁外人留宿，須至江北方可借宿。大師一行只得忍飢渡江。船行至江中，船夫索取船費，大師便把捆腳帶解下來給他，充當船資；同船有一道人見此情景，便主動替大師他們付了船錢。他們十分感謝道人的慷慨解囊。

登岸後，大師便向路人打聽，附近是否有掛單之處？路人回答：「近處並無庵堂可供掛單，須順著江堤下去七十里，到了鰲港，便是五祖離母墩（今江西省黃梅縣濯港鎮，據說此處是禪宗五祖弘忍大師拜別母親的地方）。那裡有一座茶庵，可接待僧人。」大師對成拙法師和覺心法師云：「我們被九江僧人誑騙，前面的茶庵又遠，西南風狂吹。我們只好勉力快走，不要在此處猶豫駐留。」

於是，三人頂著烈風，掩著口面，在月下急行，後夜時分才趕到茶庵，敲門求宿。幸好庵中主持僧道心慈悲，立即開門，請他們進去，並問他們為何趁夜趕路？大師說明了途中發生的詳情。主持僧聽後，感慨人心不古，行腳不易。他不僅和顏悅色，並熱情烹茶款待他們。大師品嘗著熱茶，並感嘆道：「若不去九江的庵堂，怎能顯出這裡的道心。」

在這段行腳期間，大師仍精進修學佛法。掛單於止水庵時，即使天寒地凍，手指凍得僵直皺裂，大師依然勤於抄寫《法華知音》。一有機會，大師便前往聽經聞法——聽受和宜法師講述《楞嚴經》，以及自如法師講述《楞嚴四依解》。由此可見大師對佛法之勤學不倦，奠定其深厚之學養根柢。

【註釋】

註一：此處是當年諸葛亮與孟獲盟誓的地方。關於此典故，根據《三國志》裴松之注引《漢晉春秋》中提到：西元二二五年，西南少數民族首領孟獲起兵反叛，蜀漢丞相諸葛亮親自率軍平定南中叛亂。當時的參軍馬謖為諸葛亮送行時提出，平定叛亂須採取「攻心為上，攻城為下，心戰為上，兵戰為下」的戰略，諸葛亮亦接納此建議。

諸葛亮聞知酋長孟獲為當地人所信服，便想透過生擒的方式，使他歸順蜀漢。

諸葛亮七次生擒孟獲，並七次釋放了他；第七次釋放孟獲時，令他真正臣服，不再為敵。孟獲對諸葛亮云：「公，天威也，南人不復反矣。」意謂您（諸葛亮）代表天上的神威，我們南中人不會再反叛了。於是孟獲與諸葛亮訂下盟誓，蜀軍成功平定南中。後來，孟獲官至御史中丞。

至於七擒七縱的具體過程，正史中並沒有明確記載。

註二：根據《禪林象器箋》中記載，禪院中，朝參、晚參等日常行事，若臨時休止即稱「放參」，後來轉成特指休止晚參為放參。依據《敕修百丈清規．卷六》關於坐參的記載中，放參之制始於汾陽善昭；因汾州地寒，不堪夜間坐禪之故。至於一般寺院，則於迎接貴賓、祈禱、普請、看誦、送亡等特殊行事時放參。用來通知大眾放參所敲之鐘、鼓，分別稱為放參鐘、放參鼓，所懸掛之揭示牌稱為放參牌。此外，進用晚餐（藥石）之時刻，恰好與敲擊放參鐘之時刻相同，故稱晚餐為放參飯。

註三：根據〈花關索傳〉記載，關索，字維之，又名花關索，為蜀漢名將關羽與胡氏的第三子。荊州失陷後，關索逃難到鮑家莊養病；傷癒後，聽說東吳仇人已死，乃回歸蜀國，並隨同諸葛亮南征，諸葛亮在討伐孟獲時曾用其做先鋒。在滇黔一帶，留下很多關於關索的傳說及遺跡。由於他忠勇愛民，有功於黔，因此後人立廟供奉之。

但按《三國志．蜀書．關羽傳》中記載，關羽只有兩個兒子，即關平和關興，關索則是中國民間傳說中的人物，並無任何史料記載。

註四：顓愚大師，諱觀衡，字顓愚，別號傘居，是明末清初的臨濟宗高僧。北直隸順天府霸州趙氏子，生於明萬曆七年（西元一五七九年）八月十八日。其母夢見觀音菩薩攜童入懷，便覺有娠。誕生時，有白衣重包之異。七歲受書鄉館，資質超越羣童。十二歲茹素，喜奉觀音大士。十四歲，顓愚大師禮請五臺山圓照寺惠仁大師披剃，侍師三載，服勞奉養，克盡弟子之責。十八歲，依止五臺山空印大師，隨侍三年，為其法嗣。這段期間，他專研《楞嚴經》及《法華經》。之後，顓愚大師親近紫柏大師、雪浪和尚，拜謁雲棲大師等，凡屬當代的宗匠，莫不參訪。

顓愚大師二十八歲時，有一晚在月下經行，忽然大悟，其開悟偈為「一夜踏空行，虛空忽爾釋；乃知大覺心，土木與瓦石。」

萬曆三十七年（西元一六〇九年）夏天，顓愚大師三十一歲，於端州拜見憨山大師。

顓愚大師三十八歲時，萬曆四十四年（西元一六一六年），邵陵諸護法為師結庵雙清磯，師額曰「五臺庵」。是年三月，於湖東再次拜謁憨山大師，依止半個月，深得憨山大師之禪法。

顓愚大師深居「五臺庵」十九年，每於結制說法，神不知悴，體不知勞，足不越檀護之門口，不談人世之事。顓愚大師之說法，單提向上，直指人心。每夕課餘，張大傘趺於露地，因而有「傘居」之稱。

顓愚大師比蕅益大師年長二十歲，又親侍過憨山大師，是位兼具教理和禪修的高僧。當他閱讀過蕅益大師的著作後，便與蕅益大師成為忘年之交；每次書信，總是虛心向蕅益大師請教法義。由此可見顓愚大師虛懷若谷之胸襟。

明崇禎十年（一六三七年），顓愚大師五十九歲時，應邀擔任雲居山（江西省九江市）真如禪寺住持，重振宗風，恢復綱紀，中興古道場。

六十五歲時，顓愚大師應請常住於卓錫石頭城（南京）的紫竹林；其原本已經是荒地，但顓愚大師常住不久後，便蔚為叢林。

顓愚大師著有《圓通懺法》、《楞嚴四依解》、《心經小談》、《集律常軌》、《首楞嚴經懸談》及《紫竹林全集》等書。

清順治三年（西元一六四六年，丙戌年）六月圓寂於紫竹林，僧臘五十四歲，世壽六十八歲。

顓愚大師圓寂後，弟子以陶器奉全身，供於林之山陽。次年弟子將其靈骸從山陽迎龕塔葬在雲居山，塔名為「顓愚觀衡和尚全身法塔」。於是，金陵的僧俗弟子，將顓愚大師所存的爪髮衣鉢於山陽建塔供養。

註五：衡山，位於湖南省衡陽市的一座山脈，又稱為「南嶽」，是中國著名的五嶽之一。黃帝將衡山封為南嶽，天柱山則為南嶽的副山，為上古時期君王唐堯與虞舜巡疆狩獵祭祀社稷、夏禹殺馬祭天地求治洪方法之地。衡山山脈位於湖南省中部偏東南，南起衡陽白露坳，北止長沙城西，長約八十公里。關於衡山舊有南嶽「七十二峰」之說，稱回雁為首、嶽麓為足，尤其以祝融峰、天柱峰、芙蓉峰、紫蓋峰及石廩峰等五峰為著稱，主要分布於衡陽、長沙、湘潭等地。

衡山山脈屬華夏及華夏式構造體系，由燕山期花崗岩構成斷塊山體。因經歷長期侵蝕，成為準平原；第三紀末新構造運動，花崗岩地層上升斷裂成今日的相狀。衡山山脈的最高峰為祝融峰海拔約一二九〇公尺，獨冠群峰。傳說祝融峰是火神祝融游息之地，故而得名。

位於南嶽衡山境內的祝融峰、水簾洞、方廣寺、藏經殿，分別以其高、奇、深、秀，被讚譽為「南嶽四絕」，是遊客觀光的重要景點。

衡山環山共有兩百多處的寺廟，是佛教和道教著名的聖地。此為南中國的宗教文化中心，中國南禪、天台宗、曹洞宗和禪宗南嶽、青原兩系之發源地；南方著名的道教聖地，有道教三十六洞天之第三洞天——朱陵洞天，道教七十二福地之青玉壇福地、光天壇福地、洞靈源福地等。二〇〇五年，南嶽衡山自然保護區晉升為國家級自然保護區。

註六：南嶽大廟是坐北朝南，南北長約四一六公尺，東西寬約一九一公尺，總面積約九萬八千五百平方公尺，為我國五嶽寺廟中規模最完整的古建築群之一。大廟由欞星門、奎星閣、正川門、御碑亭、嘉應門、御書樓、正殿、寢宮、北後門等組成。主體建築沿中軸線布局，分前後九進和四個院落。南嶽大廟的泥塑、木雕、石刻，被譽為「江南三絕」。

註七：流寇發展的歷史久遠，組成的分子十分複雜，有逃丁、邊兵、驛卒、礦徒、飢民等，一般流民即可發展成流寇；唐末的王仙芝、黃巢之亂，皆可視為流寇。

明朝政府制定有魚鱗冊，不允許人口隨便流動，謹防流賊。然而，到了明朝末年，流寇卻相當猖狂。主因是由於，崇禎皇帝採信大臣裁撤驛卒的建議，造成失業驛卒武夫揭竿起義，李自成就是在驛卒裁減中失業，又受官方欺壓，於是投奔高迎祥。再加上天災——當時的氣候酷寒，旱災也頗為嚴重，因而引發陝西省境內的民變。

根據《陝西通志》記載，熹宗天啟二年至思宗崇禎二年，這八年皆大旱不雨；崇禎六年西安（簡稱「鎬」，古稱長安、鎬京，是陝西省轄市、省會）旱災，米脂（陝西延安府米脂縣）大旱，斗米千錢，百姓大半飢餓而亡，甚至發生親人相食等慘況；存活的飢民跟隨叛徒和逃兵等，流竄到各地，形成流寇集團。以高迎祥為首，自號「闖王」，與李自成、張獻忠等人，興起叛亂，攻占了陝西、河南、湖北、安徽等省。

第四章　萬里求戒（二）

（大師）登寶華山到常住，禮佛已，周遍隨喜一日，隱隱猶如熟境。詣首座師前頂禮，求學楞嚴咒。

大師與法友們的行腳過程中，除了彼此互相策勵鼓舞外，沿途亦隨緣聽法參學，以及參訪名剎古蹟。

參禮聖境

次日，他們用過早餐後，向主持僧詢問去路，才知道這一路上很多的祖庭殿宇，業已頹廢；後蒙三昧老和尚發願，重新修葺完成。三人聽後，決定前去這些寺院參拜。

首先至黃梅縣，登上破額山，前往參禮禪宗四祖道信大師的弘法道場。「四祖寺」，古稱幽居寺，原名正覺寺，又名雙峰寺，此寺乃道信大師創建於唐武德七年（西元六二四年），亦是五祖弘忍大師得法受衣鉢之聖地。「四祖寺」被譽為「中國禪宗叢林之始」及「中國禪宗第一寺」。明正德、萬曆及清同治年間曾多次重建，現存毗盧塔、眾生塔、衣鉢塔、靈潤橋、四祖殿、蕉雲閣及多方摩崖石刻。

三人再往馮茂山（此山因位於破額山之東，亦稱為「東山」）參禮禪宗五祖弘忍大師的弘法道場。此寺乃弘忍大師建於唐永徽五年（西元六五四年），原名為「東山寺」，又稱為「五祖寺」，亦是六祖惠能大師得法受衣鉢之聖地。五寺內的「天下禪林」石碑是宋徽宗親筆御書，碑文為其著名的「瘦金體」。五祖寺自唐代到清代從未衰敗，宋真宗御賜為「天下祖庭」。元朝時，元文宗不但賜封弘忍大師為「妙圓普覺禪師」，並將「東山寺」改賜為「東山五祖寺」，從此「五祖寺」之名沿用至今。此寺千年以來，高僧輩出，多達百餘名，其中尤以弘忍大師的得意弟子神秀大師和惠能大師最為著稱。

他們登攀上高山寺，朝禮淨鑒祖師道場。越過鈴鐺嶺，至老祖寺，參禮千歲寶掌祖師道場。再通往安徽省潛山縣天柱山，朝禮禪宗三祖僧璨大師的弘法道場。「三祖寺」位於安徽天柱山南面，景色怡人的鳳形山上，乃南朝國師寶志禪師開創，梁武帝賜名山谷寺。隋文帝興佛，僧璨大師於西元五八九年正式駐錫山谷寺，開三祖道場，公開弘揚禪法。西元六〇一年，三祖僧璨大師傳衣缽與禪宗四祖道信大師。西元六〇六年，三祖僧璨大師於山谷寺前法會大樹下為信眾說法時，合掌立化，葬於寺後。唐肅宗賜「三祖寺」名為「三祖山谷乾元禪寺」。唐代宗又諡三祖僧璨大師號「鑒智禪師」，賜其舍利塔名為覺寂塔。宋太宗諡開山寶志禪師名為寶公，賜號「道林真覺禪師」。

因「三祖寺」的輝煌地位，使文人墨客紛至沓來。僅北宋一朝，便有林逋、王安石、蘇東坡、黃庭堅、李公麟、陸宰諸人遊寺題詩；尚有些人居寺讀書，有些人修身修性，有些人潛心學佛。宋朝的張同曾作詩云：「禪林誰第一，此地冠南州」，讚歎三祖寺的聖境。今日的三祖寺，塔剎高聳，金殿交碧，爐香裊繞，鐘磬齊鳴，三祖的宗風千載猶存。

經過數日跋涉，三人走到青陽縣，朝禮九華山。九華山位於安徽省池州市青陽縣境內，為中國佛教四大名山之一，是地藏菩薩的道場。九華山的山勢雄偉，自然風光和人文景觀融為一體，有「東南第一山」之稱。唐開元年間，新羅國（今韓國）王子金喬覺渡海來唐，卓錫於九華山，潛心修行七十五年，世壽九十九歲。因金喬覺的各種行誼酷似佛經中所記載的地藏菩薩，世人尊他為地藏菩薩化身，九華山因而被公認為地藏菩薩道場。

從大殿向下望去有一小庵，大師三人前往掛單，但不供晚餐。第二天早上，三人久坐等候早餐，只見主持僧前來告知：「庵中清貧，只安空單，不供齋飯。諸位師父可往房頭化緣齋飯。」大師對二位法友說：「房頭是葷廚，怎會有淨食，我們還是到別處。」三人隨即上殿，禮拜菩薩後，便空腹下山。行走了十餘里，至一小庵，乞化吃點食物。

三人行走至太平府，聽聞融悟法師在青山寺講述《法華經》，距此不遠；他們欣然問路，欲前往聽經，但行至寺時，太陽已西落。寺中的當家僧見他們都是杖笠蒲團，便不給安單。他們再三懇求，當家僧見天晚難行，便請人帶他們三人去山門外路旁的一小間土地公廟裡歇息。三人把蒲團鋪地，相對而坐。大師對二位法友云：「我們既然為求法而來，怎麼能空手而回。」次日一早，三人仍然走回寺裡，用過早粥，聽完一座經便下山。一路向村民乞食、問路，又繼續前行。

南京參學

大師、成拙法師和覺心法師於十月初十巳時，抵達南京這座古城，此時風光明媚。遙見城外報恩寺的寶塔（註一），五色凌空，映日光輝。他們直趨報恩寺，進入大殿禮佛，並往寶塔繞行。

到了中午，三人感到飢腸轆轆，就問正在朝禮寶塔的人，接待僧人的齋堂在何處？有人指向南廊的三藏殿說：「就在那裡。」於是三人便朝三藏殿走去，禮佛後便坐在殿臺旁；只見僧人進進出出，卻無人理會他們。大師起身向一位老僧打聽其原因，老僧回答：「南京大多是講席禪堂，對於衣履整齊的僧人，視為清客禪和子（禪僧），就會有人接待；但若是行腳的遊方僧，便無人過問。」三人只好另覓他處化緣。

大師他們進南京城，到鐘鼓樓西的大佛庵掛單；庵裡沒有大殿，只有一蘆席篷遮蓋在佛像上。庵主是位實修之人，常以齋飯供養來訪的僧眾。庵主知道大師他們來自雲南後，便告知大師：「附近與善寺的當家印吾法師，是你們的同鄉，你們可以去那裡掛單，應會受到款待。」

次日，大師他們三人前去與善寺安單。大師見大眾吃的都是蟲蛀陳倉之米，菜只是少鹽的臭齏之類；他們到各寮參觀時，發現該寺的常住眾食用的則是新鮮時蔬和白淨米飯。

當家師的徒弟廓然法師也是雲南人，聽到大師他們的口音便知道是同鄉。晚上，廓然法師便到雲水堂來認鄉親；大師告訴他，自己是貴州人，而非雲南人。廓然法師表達歡迎之意，希望大師他們留宿在寺。

大師對成拙和覺心兩位法友說：「我們萬里迢迢而來，應當依止有道德的善知識；寧可清苦度日，也不可以親近這種不為大眾著想、只圖私利的當家。」

次日，大師他們聽聞覺悟法師在園覺庵開示《楞嚴經》，三人出城去聆聽。恰好遇到一位施主正設齋供僧，十方現前僧眾皆可在韋馱殿就地而坐，每兩人共用四碟小菜。大師和一位遊方僧共用齋菜，大師注重自己的威儀，緩慢進食；遊方僧卻只顧自己受用，迅速把四碟菜吃光。

齋畢，走出寺門後，大師對同行的兩位法友說：「倘若我們日後有因緣能設齋供養大眾僧，不論有幾道菜，都要各盛放於大碗中，讓每位僧人能各自隨意受用；如此一來，不但每位僧人能留意自己的威儀，同時也可使信眾們心生敬信。像中午與我共用齋菜的遊方僧，真的是喪盡僧格，毫無威儀，這與餓夫有何區別呢？」

之後，大師他們又去普德寺參學，進入禪堂掛單。晚上三人商議，現在近十月底，天氣漸漸變寒冷，不如在此暫住下來，等到春天暖和時再繼續行腳。第二天吃過早粥後，大師三人向寺內的執事僧討單，請求安單過冬。執事僧回答：「寺裡規定，若是兩個人一同來，便不能給單，何況你們是三個人。」執事僧看著大師說道：「鐘板堂的香燈單，可以給你一個人負責。」大師笑著說：「我一向粗手笨腳的，不會剔琉璃燈。」三人只好收拾行李離開普德寺。

大師對成拙、覺心兩位法友說：「既然南京城的叢林規約是兩個人一同來便不能給單，看來我們只得分開掛單，各自過冬，約定在臘月三十日再相會。我聽說寶華山重視學習經教，我想去那裡學誦楞嚴咒。」成拙法師說：「我和覺心法師可以去祖堂山，等你學完楞嚴咒就過來找我們。」大師把自己的蒲團與覺心法師交換了一條臥褥，三人就此暫別。

大師獨自上寶華山，行至半坡時，太陽已西落，便投宿於石門庵。晚上與寺僧喝茶時，大師向寺僧談起自己的參學計畫：「我想去寶華山學習楞嚴咒，聽說那裡注重經教的學習。」寺僧回答：「山中有一老首座師，是雲南人，原本在北都，後來到此山，已經十年了。他閱讀《大藏經》已三遍，最喜歡見勤奮學習的僧人，我以前也曾隨他學習經論。由於寺裡人眾很少，有四位房頭，大家共吃一鍋飯，不另起鍋灶別食。雖然只有粗茶淡飯，但凡是來朝山禮佛的雲水僧，都提供食宿。你既然想住山研學經咒，須把身心放下，不要嫌那裡的生活清苦。」

次日早上，大師向石門庵的寺僧辭別後，獨自登上寶華山，直接進入隆昌寺（註二）禮佛，到各處參禮一天，隱約感覺此地很熟悉，彷佛曾經來過這裡。隨後，拜謁頂禮首座師，並向他請求教授楞嚴咒。首座師問道：「你來自何方？出家幾年呢？此楞嚴咒須先熟讀。」大師回答：「我是雲南人，出家未久，便到江南；由於不識字，所以我未曾讀過此咒。」首座師應允，並說：「你既然來到此山，就在大寮（廚房）安單，可以去行堂，幫忙打飯菜和洗碗盤等工作。」

到了十一月，天寒地凍，滴水成冰；大寮清洗好的碗盤疊放在一起，便凍結在一塊，難以分開。因此，大師每次洗完碗盤後，先用乾淨的布把它們都擦乾；隔天早上，碗盤便容易分開。寺僧見此況，十分讚許大師的細心。寺裡只安排一人挑水供眾，常常供不應求；大師都會主動幫忙挑水，深受大眾僧的讚賞。

大寮的典座（管理廚房事務之僧人）了然法師，年輕伶俐。有一房頭（掌管庫房之僧）每日會把所需的米和蔬菜交給典座做飯或煮菜；但是，這些食物一經典座之手，便被他私藏了一些。

有一天，大師背誦楞嚴咒回來，了然法師留了飯請大師食用。大師便問他：「大眾都是吃粥，這飯是從何而來的呢？」了然法師回答：「我見你勤奮可取，好意留給你享用；你不感激也就罷了，反倒追根究底盤問起我了。」大師義正辭嚴地說：「大丈夫豈能受用來歷不明的食物！」說完後就起身離開。

之後，大寮的僧人皆團結一致，彼此互相包庇，一同排擠大師，難以容下大師共住於大寮。典座私下與都管商議，將大師調至板堂（寺裡執掌報時的殿堂）安單，負責看香接板（古時以燃香計時，按時鳴板報時）的職事。

板堂很空曠，僧床也廣大；大師一人獨睡，孤寂冷清，尤其入夜時分，彷彿置身冰窟，異常寒冷。有一房頭老僧雲山法師，他原是宦官，年老出家，很有慈悲心。雲山法師對志氣高潔的大師十分敬重，見到大師被排擠，深感痛心；奈何他年事已高，孤掌難鳴，無法正面與了然法師一派理論，只好私底下關懷大師。

一日夜深，雲山法師到板堂，推門進來，貼著大師的耳朵悄聲說：「此件衣物送給你禦寒。」說完後便立刻離去。大師伸手一摸，像似棉絮但不柔軟，蓋在身上一點也不暖和；天亮一看，原來是一件補了又補的舊棉袍。此棉袍雖然破舊，但大師十分感念雲山老法師的慈悲心。

十二月十六日，大師學咒完畢，前去禮謝首座師父。首座師父說：「開春元旦（大年初一），河口鎮有一位桑居士會來寺裡禮拜《梁皇寶懺》，你應當把《梁皇寶懺》讀熟；屆時所得到的懺資，就可以用來置辦自己的衣履等物品。」然而，大師先前已和成拙及覺心二位法友約定好歲末會合，便無心於此經懺。

十二月二十八日，破曉時分，大師起身朝向首座師父的寮房誠心地頂禮三拜，感謝首座師父的教導，然後就直接下山。到了東陽時，向人詢問前往祖堂山的路。走了一百多里，直至落日西下、群星映空時，才提到祖堂山，便向執掌雲水堂的堂主詢問成拙、覺心二位法師的消息。堂主回答：「數日前，他們二人結伴隨眾同去南海朝禮。臨行時曾留下口信，若有寶華山的紹如法師來此，請他隨後前往南海。」因此，當晚大師便於祖堂山掛單一宿。

翌日一早，大師就出發往南海，過牛首山時，正好逢見化主頓修法師；大師與化主曾在貴州水月庵相識，他堅持強留大師一起過年。次日早飯後，大師急於趕路，便不辭而別，到達靈谷寺（註三），正是臘月三十日除夕夜。雲水堂中大多是來自四方的雲遊僧聚會一處，十分喧擾，又無空處，大師只好就在門扇後坐到天明。

次日，時序進入崇禎八年（西元一六三五年），大師三十四歲。吃過早粥後，由於大師心中惦記著二位法友，就準備動身啟程。一出門時，正好遇見該寺的當家弘傳法師，他對大師云：「今天是大年初一，為何急著離開呢？請回寺裡，再安住數日，過完年再走。」大師見他道誼殷切，只好又回到寺裡。用過了午齋，大師還是悄然離開了靈谷寺。走了二十里，投宿於一座小庵。

古林庵乞戒

初二一早，大師仍匆匆趕路，夜歇於土橋南庵。初三，大師仍一早起身趕路，在途中忽然遇到成拙法師。二人相逢，自是十分高興。

但大師心中納悶，為何只見成拙法師一人？便問道：「你與覺心法師二人一同去南海朝禮，怎麼只剩下你一個人返回呢？」成拙法師回答：「覺心法師到無錫縣後，便先去海上了。我後來到杭州，聽說三昧老和尚正在五臺山舊路嶺傳授大戒，所以匆匆返回來找你，一起同去求受大戒。」

大師回答：「五臺山路途遙遠，三昧老和尚正在傳授大戒，未必屬實。我聽說南京古林庵（註四）正在傳授大戒，我們不如就在古林庵受戒。這古林庵乃是律宗祖師古心和尚開創的道場，你覺得如何呢？」成拙法師同意大師的建議，於是兩人便前往古林庵求受大戒。

大師二人到了古林庵，向知客法師（寺中專管接待外來訪客之僧職）說明來意。知客法師說：「你們若欲在此受戒，每人須攢交單銀一兩五錢，並自備衣缽。」

成拙法師有衣無銀，大師則是衣銀都沒有，唯有懷裡的一串滇南的大蜜蠟金念珠；大師取出蜜蠟金念珠交給知客法師，作為攢交單銀及製衣之資。知客法師接過手，看似答應，轉身回房。大師耳聰目明，看見窗裡有人向外窺探他們二人，又聽到裡面傳出的聲音，說道：「這兩人看似江湖遊僧，恐怕這串念珠的來路不明，最好不要允許他們掛單。」

知客法師走出來，對著大師二人說：「若無衣銀，不能受戒，亦不便於此常住，還是請兩位備好了衣缽及單銀再來。」大師接過念珠，立即轉身離去。知客法師挽留大師二人吃個飯，大師則說：「龍終須回歸到大海，豈能困在牛蹄窩中。」大師二人立刻離寺，另投宿於其他的寺院。

次日，兩人渡過長江，到了浦口，準備前往五臺山（註五）依止三昧老和尚受戒。

【註釋】

註一：報恩寺位於江蘇省南京市秦淮區中華門外，其前身是東吳赤烏年間建造的建初寺及阿育王塔，乃是繼洛陽白馬寺之後中國的第二座寺廟，也是中國南方建立的第一座佛寺，此寺與靈谷寺、天界寺並稱為金陵三大寺。

晉太康年間復建，更名長干寺；宋天禧元年（西元一〇一七年）重修後的長干寺改稱天禧寺，寺塔易名為聖感塔；元至元二十五年（一二八八年），詔改天禧寺為「元興慈恩旌忠教寺」，改塔名為「慈恩塔」。明成祖朱棣為紀念明太祖朱元璋和馬皇后，於明永樂十年（一四一二年）在建初寺的原址重建，至宣德六年（一四三一年）完竣，歷時長達十九年，更名為大報恩寺。其施工極其考究，按照皇宮殿宇的規模營建，金碧輝煌，晝夜通明，是中國歷史上規模最大、規格最高的寺院，乃為百寺之首。

大報恩寺琉璃寶塔高達七十八點二公尺，通體用琉璃燒製，塔內外接長明燈一百四十六盞，是中國最高的建築，也是世界建築史上的奇蹟，被列為中世紀世界七大奇蹟之一，當時西方人視其為代表中國的標誌性建築，有「中國之大古董，永樂之大窯器」之稱譽，讚為「天下第一塔」。

自永樂十八年（一四二〇年）《永樂南藏》雕印完成後，一直到清康熙年間，大報恩寺承擔著中國大部分寺廟的印經任務，是中國佛經流通的中心。

大報恩寺是中國古典建築文化的典範，經過考古發掘揭露面積最大的寺院遺址，為研究明代皇家寺院的規制、布局提供了極為重要的實物資料。

西元二〇〇八年，從大報恩寺前身的長干寺地宮出土了震驚世界和佛教界的唯一一枚「佛頂真骨」（碑文記載由印度高僧施護攜帶來中國），以及「七寶阿育王塔」等一大批世界級文物與聖物，成為中國保存最完整的寺廟遺址。

二〇一一年，被評為「二〇一〇年度全國十大考古新發現」。二〇一三年，被國務院核定公布為全國重點文物保護單位。二〇一五年底，大報恩寺遺址公園正式開放。

註二：位於江南鎮江市句容縣西北的寶華山，靜臥於長江之濱，西與南京鍾山、棲霞山綿延相連，是寧鎮山脈的第二高峰。此山「東臨鐵瓮，西控金陵，南負句曲，北俯大江」，氣勢雄偉，挺拔而壯麗。由於群山環繞聳峙，形狀酷似蓮花；尤其盛夏時分，黃色野花漫山遍野，因而得名花山，又名華山。為了與西嶽華山區別，並紀念開山大師寶志和尚，所以改名為寶華山，是著名的佛教勝地。

寶華山由於擁有豐富的自然資源，為數眾多的珍貴樹木及寶華山玉蘭等稀世藥材，因此被列為江蘇省級自然保護區。

隆昌寺，又稱寶華寺，始建於梁天監元年（西元五〇二年），迄今已有一千五百餘年的歷史。最初是南朝梁代高僧寶志和尚在此結庵傳法，故名為寶志公庵，原為禪宗道場。寶志和尚圓寂後，寺廟日趨沒落，後曾更名為千華寺、千華社。三昧大師於明崇禎十一年（一六二八年）登寶華山，次年開創律宗道場，為寶華山律宗初祖。此後，寶華山由禪宗改為律宗道場。

明萬曆三十三年（西元一六〇五年），妙峰禪師獲得神宗生母慈聖皇太后的資助，建造銅殿及無梁殿。神宗皇帝御賜大藏經，並賜名「護國聖化隆昌寺」，於是改稱隆昌寺。在皇帝護持下，隆昌寺逐漸興盛。

樓閣式建築的銅殿，高二丈三尺、寬一丈五尺、深一丈三尺五寸，是隆昌寺內重要的古建築。由於梁、楝、窗、瓦、屏、楹、櫨等皆為銅鑄，因此得名為銅殿。殿中供奉觀世音菩薩，四壁刻畫如來、菩薩、帝釋天及人像等，雕工十分精緻。銅殿前丹墀有石欄杆圍護；八根半個人高的欄柱上，雕有栩栩如生的小石獅。

銅殿左側的文殊無梁殿以及右側的普賢無梁殿，與銅殿同時建成，兩殿皆是單檐歇山頂，重檐九脊，平面三間兩層樓閣式建築，全殿都用青磚疊砌而成，外觀模仿木結構形成。門窗上的裝飾圖案完全採用磚雕，有雲紋、雙龍戲珠等精緻圖案，雕刻的手法酷似北京北海無梁殿、蘇州開元寺無梁殿，是明代磚雕的精品，目前已被列為江蘇省省級文物保護單位。

大雄寶殿則建於康熙十年，屋頂型式為寺廟大殿少見的懸山頂造型。懸山頂是人字形屋頂之一，也稱做「出山」或「挑山」式屋頂，大都為祠廟廂房配殿所用。懸山頂的作法是人字屋頂兩端延伸到山牆外約五、六椽，挑出深遠的造型，顯得十分輕快靈巧，屋脊兩端大都有垂獸（象鼻）、走獸、仙人等雕塑裝飾。

隆昌寺的建築風格獨特，四方合形的建築宛若北方四合院，堪稱一絕。

進入山門後，行經狹窄的巷道，左側即是高四丈、深三丈六尺的戒壇堂

（舉行受戒儀式用的），原本是木結構的戒壇。見月大師於清康熙二年（西元一六六三年）改為石戒壇。根據《寶禪山志》中記載：「釋見月造石戒壇，開基之夜，感壇殿放光五色，直衝霄漢，眾山群樓明如白晝，莫不駭異讚歎。」

山門右側是大悲樓，南面由東向西依序是普賢無梁殿、銅殿、文殊無梁殿、藏經樓、大雄寶殿、方丈樓等。

清康熙四十二年（西元一七〇三年），康熙皇帝賜御書「慧居寺」。

隆昌寺山門對面的龍山，半山腰建有律宗第二代祖師見月大和尚塔，塔前有碑，鐫刻著見月大師像。

一九九〇年三月，隆昌寺恭迎香港大嶼山寶蓮寺天壇大佛銅像的模像，供奉於大雄寶殿中。大佛高五點二四公尺，慈眉善目，面帶微笑；佛像後方則是華嚴三聖雕像，大殿兩側為金碧輝煌的二十四諸天塑像。大殿前的香爐為清光緒壬寅年鑄造，古意盎然，與樸拙的建築相互輝映。大雄寶殿前丹墀地面是由一千兩百五十五塊石磚鋪設成；據說，意味著隆昌寺每次傳授羅漢戒時參加受戒的僧侶人數。

歷史悠久的寶華山隆昌寺，目前是中國最大的佛教律宗祖庭，有「律宗第一名山」之稱。根據姜明進、張樹民所著〈寶華山隆昌寺簡介〉記載，「得戒僧徒遍於天下，以數十萬計」。不但全國百分之七十的僧尼在此受戒，甚至從日本、泰國、緬甸、印度，遠渡重洋到隆昌寺受戒的「遠來和尚」也不少。在中國著名的名山古剎中，隆昌寺可謂是「桃李滿天下」。

民國三十一年，經考試院長戴傳賢的建議，恢復隆昌寺之名。山門上懸掛著中國佛教協會會長趙樸初書寫的「護國聖化隆昌寺」門額。

註三：靈谷寺最初是南朝的梁武帝為緬懷其國師寶志禪師所興建的「開善精舍」，初名開善寺。位於紫金山的獨龍阜玩珠峰南麓，成於梁天監十三年（西元五一四年），寺內設有寶公塔，當時的開善寺被稱為「鍾山第一叢林」。

唐僖宗乾符年間，更名為「寶公院」；北宋太宗太平興國五年（九八〇年）改稱「太平興國寺」；明朝初年時，被稱作「蔣山寺」。明太祖朱元璋選定此處修建明孝陵，於洪武十四年（一三八一年）將原寺移到靈谷寺現址，賜名為「靈谷禪寺」，取其「鍾山之陽有谷，谷有靈泉」之意，並題寫「第一禪林」四字匾額懸掛於寺前。

註四：古林庵位於南京市鼓樓區，原名為觀音庵，乃南朝寶志和尚所建的，南宋時更名為古林庵。

明萬曆十二年（一五八四年），古心如馨和尚曾住在古林庵研習佛法；他將古林庵改為古林寺，開堂說戒，衍繹佛法，並築石戒壇，傳授戒法。此後，古林寺成為南京的寶剎。萬曆皇帝賜名「振古香林寺」，並賜「萬壽戒壇」。此後，古林寺成為高僧雲集、律宗得以重興的基地。

康熙四十二年（一七〇三年），南下巡遊時賜名「古林律院」；清乾隆二十四年（一七五九年），賜名「古林律寺」。在清代，古林寺與香林寺、毗盧寺並稱南京城內三大名寺，被奉為「中興戒律第一祖庭」，在佛教界有重要的歷史地位，有「天下第一戒壇」之稱。

現今南京的古林公園是由古林寺而得名，公園內仍保留高僧的墓塔構件。

註五：五臺山，原名五峰山，又名清涼山，位於中國山西省東北部忻州市五臺縣東北隅，乃為文殊菩薩的道場，有「金五臺」之稱。五臺山與浙江普陀山觀音菩薩的道場、四川峨眉山普賢菩薩的道場、安徽九華山地藏菩薩道場，合稱為「中國佛教四大名山」，其為中國四大佛教名山之首。五臺山並非一座山，而是座落於「華北屋脊」之上的一系列山峰，景區面積達二八三七平方公里，最高海拔三〇五八公尺。五臺山有五座山峰聳立，即東臺望海峰、南臺錦銹峰、中臺翠岩峰、西臺掛月峰、北臺葉斗峰，象徵文殊菩薩的五種智慧——大圓鏡智，妙觀察智，平等性智，成所作智，法界體性智。五座山峰環抱整片區域，峰頂無林木，而且平坦寬闊，其狀如石壘之臺，故而得名。

東臺望海峰，海拔二七九五公尺，面積一百餘畝；東臺頂望海寺，隋代建寺，元代重建，明代重修，內供聰明文殊菩薩。南臺錦銹峰，海拔二四八五公尺，面積兩百餘畝；南臺頂普濟寺，內供智慧文殊菩薩。中臺翠岩峰，海拔二八九四公尺，面積兩百餘畝；中臺演教寺，內供儒童文殊菩薩。西臺掛月峰，海拔二七七三公尺，面積三百餘畝；西臺頂法雷寺，內供獅子吼文殊菩薩，文殊菩薩以獅子為坐騎，象徵其威猛。北臺葉斗峰，海拔三〇五八公尺，面積達四百餘畝，是五臺山的最高點，也是華北地區的最高峰，有華北屋脊之稱；北臺頂靈應寺，內供無垢文殊菩薩。

五臺山是中國唯一一個青廟（漢傳佛教）及黃廟（藏傳佛教）交相輝映

的佛教道場，此山為漢、蒙、藏等民族在此和諧共享。五臺山據傳曾有寺廟一百二十八座，其中多敕建寺院，多朝皇帝前來參拜，著名的有：顯通寺、塔院寺、菩薩寺、南山寺、黛螺頂、廣濟寺、萬佛閣等。五臺山於二〇〇九年六月二十六日在西班牙塞維利亞舉行的第三十三屆世界遺產會議上，被正式列入《世界遺產名錄》。

第五章　萬里求戒（三）

成拙自願擔水，送余堂內諷經。成拙擔水畢，專讀《法華經》。余除上殿佛事已，惟閱《楞嚴義海》。

大師所處的時代，正值明末清初的交際時分。晚明是個多事之秋，由於皇帝多半不理政事，形成宦官把持政權，造成政治鬥爭與鎮壓叛逆層出不窮，進入政治黑暗時期。

明末亂象

武宗朱厚照（西元一四九一至一五二一年），年號正德。武宗是一位極具爭議性的統治者，他任情恣性，為人嬉樂胡鬧，行為怪異，又荒淫無度。他設立別宮豹房，歷時五年落成，耗費國庫白銀二十四萬餘兩。強徵處女入宮，亦搶奪有夫之婦；佞臣江彬也為武宗物色民間美女，以供皇帝淫樂之用。武宗寵信宦官劉瑾；劉瑾掌權後，發起稅收改革以增加國家收入。由於施政荒誕無度，朝廷亂象四起；安化王朱寘鐇覬覦帝位，於正德五年（西元一五一〇年）發動判亂；最後，朱寘鐇及其子朱台溍等人被生擒，判亂告終。此外，於正德十四年（西元一五一九年）寧王朱宸濠發動叛亂，最後由南贛巡撫王陽明、吉安太守伍文定平定。

世宗朱厚熜（西元一五〇七至一五六七年），年號嘉靖。世宗前期進行改革，銳意圖治，頗有作為，時稱「嘉靖中興」。世宗後期寵溺宦官嚴嵩，有二十多年不過問朝政，任憑嚴嵩胡作非為。由於世宗浪費民力，導致民怨四起，因而爆發多起農民起義，包括山東礦工起義、陳卿起義、蔡伯貫起義、浙贛礦工起義、李亞元起義、賴清規起義，導致邊事廢弛，西元一五二四年以後爆發多起大同兵變，一五三五年爆發遼東兵變，一五六〇年爆發振武營兵變。

此時，北方的韃靼勢力日增，屢次向內地邊境的大同、哈密、山西、寧夏等地侵擾，甚至曾包圍北京，史稱「庚戌之變」（嘉靖二十九年，西元一五五〇年，庚戌年）。韃靼長期的侵擾，造成明朝北方邊防極大的壓力。而南方的沿海地區，在浙江、舟山、南京、興化等地，倭寇橫行沿海，成為明朝南方的邊患，也就是所謂「北虜南倭」的邊防侵擾。後來，由朱紈、戚繼光、俞大猷等人率軍肅清倭寇。

世宗在位期間，葡萄牙人遠航到當時屬廣東省香山縣管轄的澳門，並以「借地晾晒水浸貨物」為藉口，開始定居於澳門，從而展開在澳門近四百五十年的葡萄牙占領及殖民時期。

嘉靖三十四年農曆臘月十二日（西元一五五六年一月二十三日），山西、陝西和河南同時發生地震，史稱「嘉靖大地震」。這次地震分布在陝西、山西、河南、甘肅等地，地震波及大半個中國，有感範圍遠達福建、兩廣等地。百姓民眾因壓砸、焚溺、與飢疫而死者無法估計，其奏報有名的死者多達八十三餘萬人，不知名者不可勝數。地震發生後，朝廷從國庫調撥大量資金用於救災，導致明朝國庫連續兩年虧空；加上地震引發的自然災害和瘟疫，導致明朝政府的稅收減少，對明朝的國力和財政狀況亦造成重大的影響。

穆宗朱載坖（西元一五三七至一五七二年，年號隆慶）駕崩後，由太子朱翊鈞（西元一五六三至一六二〇年）繼位，即神宗，年號萬曆。神宗繼位後，在內閣首輔張居正等人的輔助下，開創「萬曆中興」；這是明朝最後一個中興之主，解除當時的政治和經濟危機，原本有機會再度復興日漸衰落的大明江山。但神宗後期因立太子的國本之爭，亦有二十餘年不過問政事，放任宦官魏忠賢把持政權，為所欲為。這段期間的政治形態是皇帝荒惰、宦官橫行，因而引發國家內部處於嚴重的政治紛爭——東林黨爭。

邊疆亂事也接二連三。從萬曆二十年到二十八年（西元一五九二至一六〇〇年），先後在中國西北、東北、西南邊疆展開的三次大規模軍事行動，歷史上稱為「萬曆三大征」，分別是：平定蒙古人哱拜叛亂的寧夏之役、平定日本豐臣秀吉入侵朝鮮的朝鮮之役、以及平定貴州土司楊應龍叛亂的播州之役。雖然「萬曆三大征」都以勝利告終，但也消耗了明朝的大量人力與財富，導致國力大損。

明神宗萬曆末年，朝廷為了處理後金的入侵，遼東戰事告緊，產生巨額的軍事費用，因而加徵「遼餉」。到了崇禎年間，為了鎮壓農民起義，因而籌措軍費，加徵「剿餉」；為了鎮壓農民起義而訓練軍隊的費用，因而又加徵「練餉」。這三項加徵的軍餉，被合稱為「三餉」。剛開始時，「三餉」乃屬臨時加徵的軍餉，事畢即止；但由於遼東戰事興起，加派迭增，便成為經常性的「歲額」，成為明末百姓的沉重負擔，造成民怨四起、怨聲載道。

再者，明末的土地兼併達到史上最駭人的地步。出身貧苦的明太祖朱元璋取得天下後，一方面記取元朝滅亡的教訓，另一方面為了子孫萬代永享富貴，於是分封諸皇子為親王，並制定一套嚴格的封藩制度，給予優渥的封地和俸祿，開啟了明朝土地兼併的序幕。

成祖朱棣時，收回藩王們手中的兵權，以達到強化皇權的目的，但作出經濟上的讓步，賜給藩王們更多土地。

到了萬曆年間，皇室諸王的莊田更是大幅擴充，由於神宗對小弟極為疼愛，潞王朱翊鏐（西元一五六八至一六一四年）除了自己的封地——位於河南省衛輝外，又繼承景恭王朱載圳（西元一五三七至一五六五年）在湖廣的封地，多達四萬頃，戶部依例准予朱翊鏐的安家費是三十萬兩金。神宗的寵兒福王朱常洵則受封洛陽兩萬頃的莊田。

而官僚和地主也兼併農民的土地。除了利用權力直接搶奪外，他們大多在饑饉之年趁火打劫，以極低的價格收購農民的土地，並將自身的各種賦役轉嫁給農民，造成底層百姓的沉重負擔。

熹宗朱由校（西元一六〇五至一六二七年），年號天啟，寵信宦官魏忠賢和客氏（客印月）。客氏十八歲時入宮，被選為熹宗的乳母。客氏嬌豔狐媚，以乳母的身分色誘熹宗，深得皇帝的寵愛；客氏出行皆乘八抬大轎，其排場不亞於皇帝。倚仗熹宗對她的眷顧，與魏忠賢勾結作惡多端，人稱「客魏」，把持朝政多年，造成政治腐敗及民生困苦的局面。

俗云：「人無照天理，天不照甲子。」從萬曆末年至天啟年間，中國的氣候顯著變冷，氣候持續惡劣。北方風沙壅積日甚，旱災也逐年增多，農業的收成銳減。同時期的中原氣溫與北方農牧帶的降雨量，是秦漢以來的最低點，造成乾旱頻傳，農作物嚴重欠收。

思宗朱由檢（西元一六一一至一六四四年），年號崇禎。思宗即位後，勤於政務，事必躬親；其一生操勞，常夜以繼日地批閱奏章，儉約自律，不近女色。崇禎年間，與萬曆、天啟相較，朝政有了明顯改觀；即位之初，大力剷除閹黨魏忠賢等人，曾六度下詔罪己。可惜，其生性多疑，能力不善，加上天災、民變不斷，關外後金政權虎視眈眈，明朝已處於內憂外患、無法挽救的地步。

古云：「福無雙至，禍不單行。」這樣乾旱的氣候，不僅影響農作物的收成，更招致大量的蝗蟲出現，亦印證了「大旱之後，必有蝗災」的說法，不計其數的蝗蟲無情地掠奪了人們僅存的些許糧食，致使百姓的生活更加艱辛困頓，真可謂「度日如年」。

在《中國三千年氣象記錄總集》中，針對崇禎年間的氣象變異情況，有著詳細的記載：崇禎八年（一六三五年），北旱南水，飛蝗遍野，多地大饑。崇禎十三年（一六四〇年），自淮而北至畿南，樹皮食盡。崇禎十四年（一六四一年），全國大旱、大蝗、大饑、大亂、人相食。

由於天氣的嚴寒與乾旱，導致人民無糧可食，因而有人去挖老鼠洞，吃老鼠所竊取的糧食，甚至有人直接吃老鼠屍體，乃至於人食人，從而引發了大規模的鼠疫。後來，鼠疫傳到北京，僅北京城便逾二十萬人死於鼠疫，加速了明朝的覆亡。

根據《明史》的記載：夏秋大疫，人偶生一贅肉隆起，數刻立死，謂之疙瘩瘟，都人患此者十四五（意謂都城里的人，十個中就有四或五人罹患此病）。至春天期間，又有嘔血者，或一家數人病死。

崇禎年間，陝西、河南、山西等地，連年的水災和乾旱相繼發生，百姓大半飢餓而亡，甚至發生親人相食等慘不忍睹的情況。存活的飢民跟隨叛徒和逃兵等，流竄到各地，形成流寇集團。以高迎祥為首，自號「闖王」，與李自成、張獻忠等人興起叛亂，攻占陝西、河南、湖北、安徽等四省。

崇禎九年（西元一六三六年），高迎祥在西安兵敗被殺。高迎祥殘部投奔李自成，並推舉李自成為「闖王」（李闖），繼續征戰四川、甘肅、陝西一帶，《明史》稱其為「闖賊」，最後包圍京城。崇禎十七年（西元一六四四年）三月，思宗在司禮監太監王承恩陪同下，倉皇前往景山（舊稱煤山）自縊，史稱「甲申之變」。

隔年，清兵在降將吳三桂的協助下，進入山海關，攻破李自成，建立大清帝國。

綜而言之，明朝中葉以後，皇帝大多昏庸無能和貪愛美色、寵信宦官或用人不當，造成政局不安定，民變和流寇侵擾接二連三發生，邊疆民族勢力日增，形成嚴重的邊患問題，以及連年的天災不斷，終於導致明朝為滿清所滅。

烽火中行腳

大師和成拙法師的乞戒歷程，正是在這樣艱辛的局勢下行腳。沿途，他們親眼目睹烽火四起，四處傳來百姓號哭之聲，難民潮湧而來，喪夫棄子，慘絕人寰。

大師和成拙法師於崇禎八年正月十四日投宿紅心鋪（今安徽省鳳陽縣附近）。當時，由高迎祥、李自成、張獻忠率領的流寇集團已經逼進鳳陽城，老百姓攜家帶眷驚恐地趕緊逃難。大師他們亦隨著人潮一起逃難，兩人整日滴水未進，飢腸轆轆，從早到暮，快速疾走了一百餘里，夜宿三鋪（今江蘇省徐州市附近）。

十五日夜晚，流賊攻破鳳陽城。鳳陽城被稱為「中都」，是明朝的「龍興之地」；此處乃是明太祖朱元璋父母陵寢所在，也是明朝的祖陵，可以說是明朝的龍脈所在。李自成和張獻忠為了向崇禎示威，也為了彰顯自己滅掉明朝的決心，一把火燒掉了鳳陽祖陵及明太祖曾經出過家的皇覺寺。

遠在北京的崇禎皇帝聞訊大驚，痛哭流涕，傷心欲絕。皇帝穿上喪服，一路小跑到紫禁城的太廟，跪在祖宗的牌位前號啕大哭；接著下令，所有朝廷官員必須素衣素食，對皇室的不幸表達最大的哀悼。之後，思宗又下令殺掉鳳陽巡撫楊一鵬洩憤。

大師和成拙法師繼續往北方行腳，到了徐州之後投宿一夜。次日早上，他們到了黃河岸邊，因為戰事的緣由，船夫都躲起來，茫茫大海中竟無一艘渡船。於是，他們兩人就坐在岸邊等待；直到中午，見到一位官差捉到一名酒醉的船夫，迎面而來，大師他們就順便搭上船。

船行到中流，因河水湍急，船身因破舊漏水，船夫因喝醉了酒而手軟無力掌舵。官差見狀，亂了分寸，連忙呼喊蒼天保佑，大師他們二人則專心念佛。

幸好，吹來一陣微風，把船吹入蘆葦叢中擱淺；大師他們便手抓蘆葦，涉水登岸。當晚，他們二人在荒庵中歇息。

第二天開始，持續一個多月的長程跋涉。有時冒著風雨，有時戴月披星；或者到村落中乞食，或者向耕夫化餐。歷經千辛萬苦，終於在三月初一日趕到長城口，過了龍泉關（註一），進入山西境內，行經長城嶺，抵達佛教聖地五臺山。

初謁三昧和尚

大師及成拙法師先到了舊路嶺，打聽到三昧老和尚駐錫於此，便於山門外的十方堂安單。兩人安好單，便前往方丈室，欲參禮三昧老和尚。

此時，有兩位北方的僧人守門，對大師二人說：「若備有襯金（布施給僧道的財物）者，方可入內拜謁老和尚；若無襯金者，就自行退下。」大師看其語氣粗硬，難以理喻，只得與成拙法師返回十方堂，並感嘆說：「我們不遠數千里，長程跋山涉水，只為了親近善知識；現在因為沒準備襯金，而無法參禮三昧老和尚，這如何是好？」成拙法師安慰他：「不必憂愁，我們明天早上等守門人去吃粥時，再趁機進去方丈室拜謁老和尚。」

次日早上，大師及成拙法師強忍著飢餓，利用吃早粥的時間，直接進入方丈室，頂禮老和尚。老和尚問：「你們兩人來自何處呢？」大師回答：「我們從雲南來。」老和尚又問：「你們千里迢迢來此，所為何事？」大師二人因為沒有衣缽，不敢明講為乞戒而來，只說是為了朝禮五臺山文殊菩薩。老和尚說：「文殊菩薩其實就在你們的心中，何須千里迢迢來五臺山朝禮呢！你們好好實修吧！」因此，大師二人再次頂禮老和尚而退。

大師二人冒著生命危險，不遠千里來到五臺山，終於見到老和尚，總算是了卻一點點心願。歷經此事，他們在心中默默發願：倘若日後成為善知識，絕不收受外來僧人之襯金，讓清貧的禪和子容易相見。

掛單塔院寺

既然來到文殊菩薩的聖地，就不應入寶山而空返。大師二人相議後，首先前往塔院寺巡禮，朝拜繞行大白塔（註二）。巧遇此寺裡的兩位僧人，他們是師兄弟，發心虔誠恭誦《華嚴經》、《涅槃經》、《大乘本生心地觀經》、《大方便佛報恩經》、《金光明經》等五大部經。寒暄後，由交談中，知曉大師二人是為求大戒，從雲南遠道而來，便留二人住下來。

成拙法師天性純樸善良，自願擔水供僧，讓大師進堂內誦經。成拙法師擔完水，便專讀《法華經》。大師除了上殿作佛事外，空餘的時間就閱讀《楞嚴義海》。大師二人不說閒話，亦不胡亂閒晃，到中夜才放參（睡眠）。

塔院寺方丈德雲和尚以及房頭眾僧，見大師兩人如此勤學，一個多月來無絲毫改變，都對大師二人產生信敬之心，私下請大師二人吃米粥（五臺山各寺院通常以燕麥粉調成糊粥為主食），以資鼓勵。

大師對成拙法師說：「我們二人在大眾僧中，每晚研讀經論至深夜，會打擾其他人養息。我見伽藍殿（供奉護法神的殿堂）裡，晚上點著琉璃燈，裡面沒有人；我們不如晚上到那裡研習經論，如此既不會妨礙別人，又能集中精神、專心記誦經文，直到深夜再回寮房歇息。你覺得如何呢？」成拙法師贊同大師的提議。此後，大師二人每晚便至伽藍殿用功，直至中夜才回寮。

五臺山的春、秋兩季很冷，何況是冬季；到了十月間，大師與成拙法師的衣著已明顯感到單薄，不耐寒冷。每到晚上，他們手捧經卷，站立在琉璃燈光下讀經，專心用功時，忘卻天寒地凍；但到掩卷歇息時，手指已凍僵、不能伸屈，雙腿也難以邁步，通身顫抖，寒徹肺腑。儘管如此，二人勤學的志願卻更加堅固；他們咬緊牙關勤讀經論，度過了酷寒的冬季。

崇禎九年，二月底，覺心法師朝海回南京，沿路詢問找尋大師的蹤跡，終於到達五臺山重逢。

三月中，皎如法師前來朝禮五臺山，他是楚地（湖北一帶）人，曾與大師在寶慶府的大報恩寺一同聆聽自如法師講解顓愚大師所著的《楞嚴四依解》；他一見大師及兩位法友在堂裡，便進來寒暄。有寺僧問皎如法師，他與大師三人相識的因緣為何？於是，皎如法師詳細說明大師三人乞戒行腳的經歷。

方丈德雲和尚聽聞此事後，知道大師曾親近過顓愚大師，而且覆講過《楞嚴四依解》，深獲好評；於是便設齋召集全寺的僧眾，並請大師於四月初一開講《楞嚴經》。大師承蒙方丈和尚的厚愛，不好意思推辭，直下承當，直到七月一日講經方告圓滿。

大師與成拙法師雖在五臺山住了一年多，但主要安住於塔院寺研讀經論，並未朝禮五臺頂的各佛剎。此次《楞嚴經》講期結束後，大師與成拙、覺心二位法友便相伴於七月三日先登上東臺頂，東臺亦名望海峰，海拔兩千九百九十六公尺。據《清涼山志》記載：「蒸雲寖壑，爽氣澄秋，東望明霞，若陂若境，即大海也。亦見滄瀛諸州，因以為名。」說明望海峰之名的由來。

頂上有一座望海寺，創建於隋代，坐北朝南。該寺住持以接待法師的禮儀，迎接並款待他們。三人隨著住持進入大殿，參禮聰明文殊像；隨後，他們又參禮那羅延窟、笠子塔及觀音坪等聖跡。

之後，大師三人前往北臺頂朝禮，北臺亦名葉斗峰，海拔三千零五十八公尺，是五臺山諸峰中的最高峰，也是華北地區的最高點，素有「華北屋脊」之稱。據《清涼山志》記載：「北臺葉斗峰，其下仰視，巔摩斗杓，因以為名。」說明葉斗峰之名的由來。

頂上有一座靈應寺，供奉無垢文殊，創建於隋代，坐北朝南。該寺的當家僧也是熱情接待大師三人，引領他們參禮無垢文殊、龍王殿、黑龍池等聖跡。由於大師自覺修行不足，尚未受具足戒、不堪受供，內心常生慚愧，故未前往朝禮其餘的三臺。

七月初八，大師三人向塔院寺方丈及僧眾辭別，感謝他們一年多來的照顧；三人打算前往北京，到三昧老和尚座前求受大戒。方丈德雲和尚再三挽留他們，但見到他們去意已決，便請寺僧準備三頭騾子，贈給大師三人騎乘，並親自為他們送行，一直行至舊路嶺，天色已晚，便在當地留宿一夜；次日早上，德雲和尚又繼續伴送大師三人直至棠梨樹下院，再留宿一夜。次日用過早齋後，大家才依依不捨拜謝辭別。德雲和尚含著淚水一再叮嚀：「受完戒後，請你們一定再回來五臺山，千萬別辜負我們殷切的期盼。」

大師三人於七月十九日行至保定府方順橋西，投宿於羅睺寺。成拙法師因在五臺山時，曾與一位滄州道人有約，所以他逕去滄州。

次日午後，屋內悶熱，大師和覺心法師隨著寺僧，一行人共有六位，一同走出寺院散步；遠遠望去，前面有一片樹林，碧綠蔭蔭。大家順道走進林子裡，因為貪涼坐得久些，太陽都快西沉。正想起身回寺時，只見空中灰濛濛一片，像霧一樣，又聽到嘰嘰喳喳的聲音，漸漸看到飛揚的塵土像雲一樣翻動。過了不久，見到無數老幼男女競相狂奔，像山崩海涌般地衝過來，這才知道是後有兵馬追趕。

只有覺心法師和大師在一起，其餘一同坐在樹林裡的人都各自逃散。由於不能再回寺裡，也不能走大路，大師與覺心法師二人就往南方逃難；一路上歇宿的多是小廟，每天只能吃一餐。

改號「見月」

大師二人逢溝涉水，路錯繞道，就這樣一路往南走，備受艱辛。某日途中，兩人感到十分飢餓，就在荒郊野外的樹下坐下休息。此時，大師惆悵地對覺心法師說：

「我們打從雲南到南方，又從南方到北京，現在又從北往南行，如此往返二萬餘里，歷經長期艱苦的跋涉，卻未能完成求大戒的心願，實在不勝感慨。恩師亮如老和尚於披剃時賜號『紹如』，乃是希望我能弘法利生，紹繼其志業；但目前看起來是難以實踐恩師的厚望，深感慚愧。恩師又賜名『讀體』；所謂體者，即是身體，也就是指法身理體。恩師是期望我藉由研讀經教，以明瞭經教所闡明的法義；一旦理解法義，則闡釋法義的文字便可以放下；這就好比以手指標示月亮，既然見到了月亮，就可以放下手指，是同樣的道理。從今起，我決定將自己的法號改為『見月』，期許自己早日名副其實、悟得讀體。」

他們二人越想越悲戚，不自覺落下傷心的淚水；這時有一位老人經過，看見大師二人如此悲痛，便詢問是什麼原因。大師詳細講述了他們長途行腳，竟無法實現求戒的願望。老人聞後，也深感長嘆惋惜，唏噓不已。老人對大師二人說：「敝姓李，是個孤單的道人，長期茹素。以前為人訓蒙，教導小孩讀書，以求溫飽。如今兵荒馬亂，百姓流離失所，所以才返鄉來，老家就在前面的小村莊。若是不嫌棄的話，請你們一起到寒舍住一宿，明天再繼續行腳。」

大師二人在他的帶領下，前往他的老家。抵達時，屋內已經被流賊搶劫一空；老道人便向鄰家借了一些粗麵粉，做成烤餅，三人共進晚餐。次日，大師二人向老道人致謝並辭別，繼續行腳。

大師與覺心法師又走了六天，到了南宮縣大道。行至午後，仍未見有化齋之處，二人飢腸轆轆。遙望遠處有一小庵，行至庵前，大師獨自進入庵內，覺心法師留在庵外等候。只見庵內有一位老僧，正在獨自做飯。大師向他合掌問訊，老僧也不還禮，大師便向前幫他燒飯。飯熟了，老僧盛了一碗飯，獨自坐下享用；大師見狀，也主動拿起碗筷，盛飯後坐下來食用。彼此緘默不語，各自進食。

老僧吃了一碗，大師再添第二碗。此時，老僧開口說道：「我未曾見過世間有像你這樣的人，主人未開口，便主動盛飯受用。」大師回答說：「我也從未見過世上有像你這樣的人，賓客當前，只顧獨自受用飲食，卻不請客人一起吃飯，所以我便自己主動進食。」

老僧聽後，哈哈大笑說：「原來你也是個禪和子。我年輕時也曾參訪善知識，四處行腳，因為不老練，拘於禮儀，常常挨餓。萍水相逢，自是有緣，請你隨量享用。」大師說：「我尚有一法友在庵外等候。」他聞言便道：「請他進來一塊吃飯。」

大師和覺心法師飽餐一頓後，便起身告辭。不料，老僧竟央請大師二人再多留住三日。

由於流寇之亂，大師與成拙法師各自逃難，這一別便是三年才又相逢。

【註釋】

註一：龍泉關，乃明代長城真保鎮的重要關隘。其位於河北省阜平縣西部的龍泉鄉，距縣城約三十五公里的太行山一出口；東臨阜平縣城，西界五臺山，北近平型關。由於處於河北阜平與山西五臺的交界處，素有冀晉咽喉要道、中國佛教聖地五臺山的東大門之稱。

龍泉關有上下兩關，下關為明英宗正統二年（西元一四三七年）建，明景帝景泰二年（一四五一年）又於其西北建上關，其西為長城嶺。關之南北，沿山曲折，各數百里，有隘口六十餘處，現存龍泉關城遺址為上關關城，原為周圍二點五公里、城高約十二公尺，磚砌城牆。遺存北門向南開，磚拱門洞，寬三點五公尺、深十公尺，大型條石砌基。歷代曾派重兵把守此關，素來是戰略要地，以及帝王朝拜五臺山的必經之地。明末四大高僧之一的憨山德清大師，曾於明神宗萬曆初年（一五七三年）參訪五臺山，酷愛憨山的奇麗俊秀，遂以「憨山」為自號。憨山大師於赴五臺山時，路過龍泉關，見此萬里雄關一片蒼涼荒蕪，頗生感慨，遂作了一首五言詩：「策杖煙霞外，重關虎豹林；路當崎曲險，山入塞垣深。慘澹黃雲色，蕭條落日陰；邊笳如怨客，嗚嗚嶺頭吟。」此詩有一種雄渾而又悲壯的韻味，深刻地描繪出這座關隘的形勢風光。這一片荒蕪的風光，正可襯托出憨山大師、見月律師和成拙法師長途跋涉的艱苦行程。

註二：塔院寺位於五臺山臺懷鎮顯通寺南側，原為大華嚴寺塔院。明成祖永樂五年（一四〇七年），令太監楊升重修此塔並獨立起寺，成為五臺山著名的五大禪林之一，全山青廟十大寺之一。明神宗萬曆七年（一五七九年），慈聖皇太后李娘娘又令太監范江和李友重建。西元一九五二年由人民政府撥款重修塔院寺，一九八三年被國務院確定為漢族地區佛教中國重點寺院。

因寺院內有大白塔，故名塔院寺。聳入雲天的大白塔，全名為釋迦牟尼舍利塔。塔身撥地而起凌空高聳，在五臺山羣寺簇擁之下頗為壯觀。據專家研究，大白塔始建於元大德六年（一三〇二年），由尼泊爾匠師阿權尼哥設計建造而成，將以前的慈壽塔置於大塔腹中。該寺建築兼有漢藏佛教風格，中軸線上的建築有影壁、牌坊、石階、周門、山門、鐘鼓樓、天王殿、大慈廷壽寶殿、塔殿藏經閣，山海樓、以及文殊髮塔等建築，其中以大白塔和文殊髮塔最為著稱。藏經樓中有轉輪藏，以及二萬餘冊漢文、蒙文和藏文經書該塔工程之大，建造之難，成為五臺山之冠。此塔通高七十五點三公尺，環周八十三點三公尺。塔基為正方形，塔身狀如藻瓶，粗細相間，方圓搭配，造型優美。塔頂蓋銅板八塊成圓形，按乾、坎、艮、震、巽、離、坤、兌等八卦方位安置。塔頂中裝銅頂一枚，高約五公尺，覆盤二十一公尺多，飾有垂檐三十六塊，長兩公尺多；每塊垂檐底端掛風鐘三個，連同塔腰風鐘在內，全塔共有二百五十二個，風吹鈴動，叮叮噹噹作響。此塔不僅是寺內的主要標誌，亦是五臺山的地理標誌。

第六章　法門龍象

三昧老和尚云：「今日道場魔事不興，則不顯見月；爾等為法為師，當如彼膽量心行，吾於此期中得人也。」

崇禎九年九月初，大師與覺心法師二人到了江南瓜州（今江蘇省邗江縣瓜州鎮），於息浪庵掛單，遇到清如法師，他是一位雲南僧。談起行腳的事，知道他行腳至北方，遭遇兵亂因而回到南方。

圓滿受戒

次日早上，清如法師和大師二人一起渡江，前往甘露寺。該寺的當家師是平素法師，也是老鄉，長期住在鎮江府，度化很多人皈依佛門；他最喜歡雲南人到江南參學，都熱情款待。清如法師先去寺內稟報，大師二人在寺外等候，隨後入寺禮拜。

平素法師問大師二人，行腳時是否曾遭遇什麼困境呢？大師毫無隱諱地據實詳述。平素法師聞後，安慰道：「我少年時參訪，也曾經遇過許多的逆境，但求道之心絲毫沒有退墮，才有今日的因緣，得以接引眾生。你們尋師求戒，往返南北，經歷各種的坎坷，卻未曾退失最初的願心，實屬難能可貴。日後你們教化眾生的因緣，自然會很殊勝的，現在暫且寬心安住於本寺。開春崇禎十年元旦是我的母難日，預計請大眾僧恭誦五大部經（係指《華嚴經》、《涅槃經》、《大乘本生心地觀經》、《大方便佛報恩經》及《金光明經》），以報答母恩；屆時，你們二人可以和大眾僧一起誦經，我負責備妥你們所需的衣單，等誦經圓滿後，再走也不遲。」於是，大師二人便住在甘露寺過冬。

元旦時，大師二人隨大眾僧恭誦五大部經，回向給平素法師的母親。誦經期滿時，大師二人向平素法師告假。大師說：「三昧老和尚遙居在北京，因為兵亂，我們不能再去北京，只好等他回到南方時，再求大戒。我們打算先去天童寺參禪。」平素法師除了為大師二人置辦行李外，又贈予每人白銀二兩五錢作為路費。

二月初三，兩人到達丹陽縣橋頭，準備搭客船過河。只見各個船家互相排擠，爭相拉攬客人，喧鬧吵雜；一不留神，兩人的行李竟然被人偷走。大師二人不勝感慨，此番求戒的逆緣甚多，不僅尚未能如願受戒，竟然連行李也被盜走了；幸好，盤纏（路費）隨身攜帶，因此未遭盜取。

中午時分，大師二人行至海會庵投宿；知客師見兩人沒有攜帶行李，便不肯給予安單。二人連忙向知客師解釋，他們的行李是上午在橋頭上才丟失的。此庵離橋頭並不遠，知客師遣寺僧去橋頭了解實況，獲悉此事屬實，便安排二人安單。

大師二人進入雲水堂，巧遇兩位遊方僧；大師二人北上時，曾與他們同行數日。他們知道大師二人行腳乞戒，便告訴二人：「你們欲求大戒，三昧老和尚已經離開北京，今年正月在揚州府石塔寺開戒。老和尚現在應丹徒縣（今鎮江）海潮庵之請，於二月初八日起期，你們趕快去受戒。」聽到這個好消息，二人心中的鬱悶頓時煙消雲散。

次日早上，大師二人又重返丹徒縣海潮庵，恰巧遇到大眾僧正在恭迎三昧老和尚入庵。大師打聽到，此戒期的教授師熏六法師，他是楚地人，心胸寬宏大量，具足巧妙智慧，輔導教化威嚴，負責總理戒期中的一切事務。

大師請知客師引領他至熏六法師的寮房，入內恭敬禮拜。熏六法師問大師的籍貫、出家時間及剃度和尚等，大師逐一回答，並述說了行腳的歷程。熏六法師說：「此次傳戒法會乃是海潮庵當家師為安葬他的師父而起期的，每位新戒子須交白銀一兩，並自備衣鉢。」大師回答：「我們的行李在丹陽丟失了，現在身上只有平素法師所贈的路費二兩五錢。」教授師說：「這只夠一個人攢單及辦衣鉢。」大師又為覺心法師求單，但教授師回答：「繳納戒資及自備衣鉢乃是戒場的規定，我雖負責總理戒期中的一切事務，也得依規定而行，不好壞了規矩。」於是，寺僧便安排大師進戒堂，覺心法師則去行堂寮幫忙。

新戒堂的引禮師是耳圓法師，他是山東人，為人性情耿直，但缺少靈活性。他見大師沒有行李，又不請戒律讀本，終日只在自己的單上靜坐；雖然沒有違犯戒堂的堂規，但也不主動向他請教，因此他對大師很不滿意。便斥責大師說：「見月，此處不是讓你打坐參禪的地方，為什麼你不請戒律讀本，善加熟讀呢？」大師回答：「我不識字，也沒有錢請戒律讀本。」此後，凡有新進的求戒僧人安單，耳圓法師就叫大師讓位：「見月，你往後坐，把座位讓給新來的戒子。」大師遵照奉行，拿起衣缽往後移一個座位坐下。就這樣，後進堂的有十餘人，每新進一位戒子，引禮師便要求大師退讓一個座位。到最後一人進堂時，高單上已無座位了，引禮師就叫大師移到地上，與香燈共坐；大師照做，毫無怨言，只當遊戲想。

同堂的眾戒兄見到這種情況，都為大師打抱不平，認為大師太過懦弱，因而被欺凌。大師聞言說：「修行乃以忍辱為本，何況大家都是同戒的師兄弟，我理應移讓。」

新戒子背誦《毗尼日用》(註一)的前一天，引禮師把大師排在第一位，用意是讓大師出醜，以折伏大師。諸位戒兄也為大師捏一把冷汗，紛紛勸大師說：「你應當背不出來吧！為何不請引禮師把你排在後面呢？」大師回答：「明天看情況再說。」

次日一早，引禮師拿著名冊，並引領大師等九人到教授師面前。新戒子向教授師禮拜後，大師便高聲背誦，非常流暢，如同傾倒瓶中水一般，毫無滯礙。教授師說：「你說自己不識字，每天只是靜坐，今天卻能背得如此純熟？」大師回答：「我並非不識字，因為無錢請戒律讀本，所以每日靜坐，專心聽鄰單戒兄的讀誦，因而記住內容。」教授師很高興，並賜大師喝茶。

回到堂裡，同戒的師兄弟紛紛前來向大師祝賀，其中和大師相投契的戒兄弟有十三人，也都能流利背誦。

之後，新戒子須學習《梵網經》（註二），由香雪阿闍黎代替大座宣講，並由四位班首輪流覆講。某日，輪到首座樂如法師覆講時，他只是將三昧老和尚撰寫的《梵網經直解》照本宣科念了一遍，並未作任何解釋。大師和幾位契合的戒兄並坐在同一排，相互凝視，互遞了眼神，不慎嘴角露出一抹微笑。首座師看到此情況很不高興，回到堂中立刻就指名要大師他們十三人覆講。

這是破例要新受戒的沙彌覆講戒法，目的是令大師他們難堪，並向他懺悔。過了三日，未見任何一人去求悔，首座便把所開列的名單呈送給方丈和尚。三昧老和尚以為首座是實情舉薦，就慈允讓新戒沙彌覆講戒法，首座弄假成真，如同覆水難收。

輪到大師覆講的當日，大家聞訊都來聆聽；和尚、教授師和羯摩師也慈悲蒞臨指導，他們坐於後面的座位。

大師所覆講的內容，是《梵網經》上卷中的十金剛種子、第十信心位。大師一開始先將《梵網經》的經文念完後，其次總括說明要義，然後再依文詮釋。與會的聽眾莫不異口同聲稱讚，三昧老和尚和二位師父都感到很欣慰，喜見佛門又添一龍象。

覆講後，大師前往方丈室，向三昧老和尚頂禮拜謝，老和尚賜予大師被褥和衣履，以資鼓勵。接著，大師向熏六教授師頂禮拜謝，教授師問道：「你以前依誰聽經呢？」大師回覆：「我在雲南時，曾依止披剃師亮如老和尚聽經聞法。後來，我行腳至寶慶府，恰好遇到自如法師代顓愚大師講授《楞嚴四依解》，我也曾聆聽並覆講。」熏六教授師說：「顓愚大師是我依止的師父，自如法師是我的至友，你怎麼不早點告訴我呢？」

此後，教授師對大師更加看重，並且立即出資為覺心法師攢單及置衣缽，讓他得以入堂受戒。

脫穎而出

三月二十日午後，有一位丹徒縣賀家的子弟，是個年輕的書生，其性情傲慢，又不信三寶，喝醉酒後入庵，便直接闖進方丈室，並坐在和尚法座上，放肆嘻笑。侍者立即向前諫勸他，反遭呵斥。寺中的僧眾不服，合力把他驅趕離開寺院。

不料，次日一早，這位年輕書生邀約了一夥人再度闖入庵內鬧事。三昧老和尚不欲事件擴大，便下令將原訂於四月八日佛誕日的圓戒提前結束，讓大家早點各自離去。此寺平日晚課時，會有一些在家居士隨喜參加。

熏六教授師希望借助大眾之力，平息這件事，保全道場，在晚課完畢時，便把大家召集至韋馱菩薩前，說道：「今日道場被一幫年輕人干擾搗亂，使得戒期不能如期圓滿結束。你們諸位佛弟子中，有誰願意捨生命來維護法門呢？願意擔當者，請站出來。」說完後，大家都默然不語。

大師見狀，便挺身而出，出聲道：「我願意擔當，排解此事。」說完後，便向教授師頂禮。教授師說：「只有你一人，如何能驅逐那一幫鬧事的年輕人呢？」大師回答：「和尚的戒弟子遍布天下，我一人當先，其他人都會隨之而來的。出家人無妻子可戀，無產業可繫，無功名可保，無生命可惜；托缽飽餐，不帶分文；叢林棲止，不納房租。凡是佛門出家弟子，皆以戒為親；何況為了維護法門，誰不應勇敢向前呢？縱使花一年或是兩年的時間，必定能驅除魔黨。請和尚及二位師父放心，不必讓此事掛心。如果那一幫鬧事者中，有能捨得妻子、產業，又能放棄功名、生命的人，讓他站出來與我較量一番；否則，各司其事，把自己的學業做好，培養自身的道德。自古以來，有了好德行和好文章，庠中士子（註三）都能成就功名，應當做天下大丈夫；難道有誰願意為別人的是非，而喪失自己的德行？」

教授師對大師說：「你今日在眾目睽睽下，做了這樣的承諾，以後一定要依承諾而行。果真如此，何須擔憂法門不淨，魔障不除。」隨後，眾人各自散去，參加晚課的人都聽到大師所言，大師的名聲，隨之輾轉傳開了。一夜間，丹徒縣的百姓，皆知海潮庵內有位為法忘軀的拚命三郎——見月法師。

翌日午後，有二十餘人入庵，拜見熏六教授師，並指名要見大師。這些人是庠中齋長和鄉中德高望重者，他們出面協調，雙方以理講和，此事圓滿了結。圓戒的時間，仍訂在四月八日。

老和尚聽聞此事，便召集大家到方丈室，對熏六教授師、香雪阿闍黎以及久隨侍身旁的弟子說：「如果今日道場不起魔事，就無法顯出見月的膽識。你們這些為人師表者，應當像他一樣有膽量、有作為。我在這個戒期中，總算找到了一位佛門龍象。」大家聽後，表示會依教奉行，並頂禮告退。隨後，兩位師父指定大師與同戒的戒子共十三人，今後做老和尚的隨侍，希望培養他們日後成為法門的棟梁。

四月八日，戒期如期圓滿結束；大師等新戒子圓滿受得大戒，成為正式的比丘。大師多年來的心願，總算圓滿達成。

四月十日，大師等人隨三昧老和尚回到揚州的石塔寺。揚州府的慧照寺禮請老和尚，擇期於四月二十日開戒。五月八日是三昧老和尚的大壽，大師和同戒者都想為老和尚祝壽，但苦無壽禮。大師便提議說：「我們可以裱一幅長卷的畫像當作壽禮，由我來畫『善財童子五十三參』（註四），呈獻給老和尚祝壽。只是，如此一來，我便沒有時間隨大家一起去慧照寺起期開戒。」

老和尚聽聞此事後，深感欣慰，特許大師入方丈室靜心作畫，並笑著說：「見月，你初登戒品，即入我室，真是很好的緣起。」大師感恩老和尚的慈悲，並向老和尚頂禮拜謝。

六月二十日，海道鄭公請老和尚在石塔寺啟建盂蘭盆會，開講《孝衡鈔》（註五）。老和尚指派大師前往慧照寺，代替香雪阿闍黎講授《梵網經直解》，並請香雪阿闍黎折回石塔寺代替老和尚宣講《孝衡鈔》。兩處道場的講期，都在七月十日圓滿。大師的講座獲得全寺僧俗的好評，更是深得老和尚的器重。

一日，香雪阿闍黎建議大師與同戒的戒兄弟請求老和尚賜予新的法名，以便歸屬老和尚的法脈。各位同戒的戒兄弟覺得阿闍黎建議頗有道理，大夥前往方丈室，都爭先恐後頂禮，並求老和尚賜予新的法名。

只有大師一人退到後面，頂禮老和尚後，跪地說道：「我因披剃師的指示，才得知到江南，向老和尚乞受大戒；若無披剃師，我便不能剃髮出家，也不能受具足戒，成為真正的僧人。懇請老和尚慈悲聽允，讓我仍用原來的法名，令我不忘根本，我願終身常侍於老和尚的座前。」

老和尚聽後，便說：「當年我受完戒後，諸位上座也勸我求古心律祖更換法名。但我仔細一想，律祖諱『如』字輩，我是『寂』字輩，披剃師諱『海』字輩；若是依律祖的法脈排下來，我當更為『性』字輩，則超越『海』字輩；如此一來，輩分是恩師之上，豈非大不敬？因此，當年我也因不敢忘本，而未更換法名。迄今，我弘揚戒律已過了三十餘年，今日是頭一回看到你的存心與我相同，能夠恆常保有初心，不忘本源，這是不自欺的表現。身為善知識，首重的是德行，而非在乎稱何法名。因此，我允許你仍稱原來的法名。」

數日後，泰興縣毗尼庵禮請三昧老和尚於八月十五日開戒，眾弟子都隨行。八月十日晚上，熏六教授師向老和尚報告，議定各堂的執事，其言：「我現在教授新戒，常常力不從心，感覺中氣不足，精神漸弱；我想，應該設置一名教誡西堂，總理各堂戒事，以分擔我的責任。這項任務只有見月可以擔當，請老和尚智鑑裁度。」

老和尚贊同教授師的提議，立刻命侍者召集兩序執事的僧眾到方丈室，並向執事僧宣告委派大師擔任西堂。大師聞言，立即跪地說：「我於今年四月八日才圓受具足戒，至今未滿半年，哪裡能擔負這樣的重任；我自己都尚未諳熟戒律，如何能教導他人。老和尚命我擔任西堂的要職，恐怕無益於新戒子，同樣也恐怕會辜負老和尚的慈恩。請老和尚在諸位上座中，另選能擔負此要職者委任之。」

三昧老和尚回答：「熏六教授師推薦得很好，我也知道你堪任此職。十地菩薩尚且還要寄位修行，你現在不妨一邊自學，一邊教誨他人。你應當體諒我的用心良苦，精進修持，如此就能成辦自利利他。」兩序的僧眾齊聲對大師說：「你應當隨順老和尚慈令，不可以再推辭。」大師不便再推辭，只好拜謝老和尚；並接受擔任西堂的職事，承擔總理各堂執事的要職。

大師的戒兄弟映宇、蒼悟兩位法師，被委任為此次戒期的書記，慧生、以仁、裕如、若愚、觀之等五位法師則擔任引禮師；每個人都發奮精進，各司其職，不敢懈怠。老和尚座下的戒弟子中，尚未曾有過如同海潮庵同期受戒的這批弟子那麼優秀，其中多位是法門龍象。

此次戒期的首堂引禮師，正是大師於海潮庵受戒時的引禮師耳圓法師。大師擔任西堂，位居要職；但大師不計前嫌，對耳圓法師十分尊重，凡事皆以師禮對待他。而耳圓法師見大師如此敬重自己，十分感動，也全力配合堂規，完全依照大師的意思行事。其他執事者，亦各盡其職，大家同心協力，使得戒期的事務進行得有條不紊，深受老和尚和教授師的稱讚。

研讀廣律

雖說戒期中諸事周詳，但大師覺得自己對戒法的認識有限，因而內心常懷慚愧。倘若遇到樂於學習戒律的新戒子前來請教戒法，大師常常思忖自己該如何教導，方能令新戒子正確認識戒法的開遮持犯，能夠如法如律地持戒？

某日晚上，大師前去熏六教授師的寮房，向其傾訴自己的擔憂與不安。教授師回答：「大藏經中有關大小乘律有一千餘卷，為師已老邁，無力閱讀。你既然有此志向，可以請律藏研讀，將來成為大律師，亦不辜負為師在眾僧之中舉薦你。」翌日，大師便派人前往嘉興請了一部廣律（註六）。

此後，大師白天料理各堂的戒事，夜裡則挑燈展卷，詳細地苦讀廣律。在閱律時，大師若是遇到詞義艱澀難懂之處，苦於無精通律藏者可以請教時，只有掩卷長嘆；此時，大師唯有向佛菩薩禮拜祈請，乞求加被開曉戒律。每當禮佛完畢，靜坐片刻後，再展卷研讀廣律時，常有撥雲見日的奇蹟出現，如同開門見山，瞬間茅塞頓開，清楚地領悟戒法的要義。

這一期傳戒法會定於十一月五日圓滿，結期前三日，本期的新戒子因感念大師在戒期中教誨不倦，共同製作了一件黃綢大衣供養大師。大師對他們說：「老和尚與教授師把西堂的重任委付予我，我理應盡心盡力協助弘揚戒法，豈可邀功或貪圖受惠，從中獲取利益呢？」大師嚴厲謝絕接受黃綢大衣。於是，新戒子捧著大衣到方丈室，向老和尚拜跪，陳述供養此大衣之因由及大師拒收之情事，並請老和尚勸請大師接受黃綢大衣。

老和尚聞知後，請侍者傳喚大師至方丈室，並對大師說：「戒律之中，只有禁止僧人貪求名聞利養，並無禁止僧人接受施主的自願布施。這件大衣是新戒子主動供養，表達其感謝之意；因此，你可以接受此大衣。」

大師回覆：「我不受此大衣有兩個理由：其一，我自愧於戒行淺而責任重，若有不足之處，日後恐有人藉此產生毀謗。其二，老和尚法門高峻，唯恐以後擔任各項職事的人以此為肇端，壞了老和尚的門風。所以我堅持拒受，還望老和尚慈悲應允。」

老和尚聽後，表示贊同大師的想法，並對新戒子說：「西堂不受此衣，既為保全己德，亦為惜護法門。你們的心意，西堂已心領了，大衣就不必再強送。」

十一月五日，此次戒期圓滿結束。十八日，大眾僧隨老和尚返回揚州石塔寺。此時，高郵縣的承天寺至石塔寺拜見老和尚，並禮請老和尚於十二月初一起期傳戒，至開春正月十五日圓滿；大師仍受老和尚與教授師委任西堂之職，總理各堂的戒事。

綜覽大師受戒前後這段歷程，可謂備嘗艱辛困頓及各種折磨，但從未生起退道之心。終究皇天不負苦心，於崇禎十年四月八日達成願望，在三昧老和尚座下，圓滿獲受大戒，正式跨出弘法利生的第一步。

大師不負重望，用心協助三昧老和尚弘揚律法；白天費心處理戒堂的事務，夜裡則精進研讀廣律，終究成為精通戒法的一代宗師，畢生弘揚律法。

【註釋】

註一：「毗尼」是戒律之意；「毗尼日用」乃指日常生活中應遵守之戒律，亦即佛教行者日常生活中須憶持的偈頌及咒語，可謂是行者的座右銘。其中少部分的偈頌是針對出家眾的生活，大部分的偈頌則是在家人亦可以憶持的。

《毗尼日用》主要是擷取《華嚴經．淨行品》與密續經典中的偈頌及咒語彙編而成的。其內容包含從起床至睡眠之間的衣食坐行須念誦之偈頌，亦有在家人及出家人各別須憶持的偈頌。見月大師根據《毗尼日用》彙編整理成《毗尼日用切要》一卷，作為佛教行者日常生活中須憶持的偈頌。例如：第四個偈頌是「著衣」時，云：「若著上衣，當願眾生，獲勝善根，至法彼岸。著下裙時，當願眾生，服諸善根，具足慚愧。整衣束帶，當願眾生，檢束善根，不令散失。」第四十六個偈頌是「看病」時，云：「見疾病人，當願眾生，知身空寂，離諸乖諍。唵 室哩多 室

哩多軍吒利 莎縛訶。」行者每天起床至睡眠期間，須憶念持誦的偈子及咒語，共有五十三偈，又稱為五十三小咒。

註二：《梵網經》，全稱為《梵網經盧舍那佛說菩薩心地戒品第十》，又稱為《梵網經菩薩心地品》、《菩薩戒經》、《梵網菩薩戒經》、《梵網戒品》。此經是後秦鳩摩羅什大師（西元三四四至四一三年）所譯的。本經分為上、下二兩卷，主要是闡述菩薩修行的位階及應受持的十重、四十八輕的戒相。上卷是釋迦牟尼佛於第四禪天摩醯首羅天王宮普接大眾，還至蓮花臺藏世界的紫金剛光明宮中，向盧舍那佛請問菩薩的因緣及當成佛果之相。盧舍那佛對千百億的釋迦牟尼佛廣說，十發趣心、十長養心、十金剛心等三十心，以及十地，共四十法門——

一、十發趣心：捨心、戒心、忍心、進心、定心、慧心、願心、護心、喜心、頂心。

二、十長養心：慈心、悲心、喜心、捨心、施心、好語心、益心、同心、定心、慧心。

三、十金剛心：信心、念心、回向心、達心、直心、不退心、大乘心、無相心、慧心、不壞心。

四、十地：體性平等地、體性善慧地、體性光明地、體性爾焰地、體性慧照地、體性華光地、體性滿足地、體性佛吼地、體性華嚴地、體性入佛界地。

此四十法門，是盧舍那佛為菩薩時，修入佛果的根源。因此，一切眾生入十發趣、十長養、十金剛及十地，則證當成果，無為無相，大滿常住，十力、十八不共行、法身智身滿足。

下卷主要是闡述釋迦牟尼佛受教已，示現、出家、成道、十處說法，於摩醯首羅天王宮觀諸大梵天王網羅幢，因說無量世界猶如網孔，一一世界各各不同，佛教門亦復如是。

佛陀從天宮下至娑婆世界閻浮提的菩提樹下，為大眾複述盧舍那佛初發心時，常誦的一切大乘戒，亦即菩薩戒的十重波羅提木叉、四十八輕戒，以及受持菩薩戒的利益，以勸說流通。

註三：「庠」是古代學校之名，故學生稱為庠生或庠中士子，後來成為明清科舉制度中府、州、縣學「生員」的別稱；生員乃指國學及州、縣學在學學生，後指經本省各級考試取入府、州、縣學學習者。經過縣州級考試，即「童試」，考中者稱為秀才。明清時期稱州縣學為「邑庠」，所以秀才也稱為「邑庠生」，或是「茂才」。

註四：中國現存最完整的《華嚴經》，是《八十華嚴》前三十八品（共五十九卷），加上《四十華嚴》（共四十卷），總共九十九卷。《四十華嚴》是《八十華嚴》中〈入法界品〉的別譯本，內容由二十一卷擴展為四十卷，僅一品，全名是：《大方廣佛華嚴經入不思議解脫境界普賢行願品》。這部經分為兩個部分：前面是本會（佛會），後面是末會（菩薩會）。

末會即是「善財童子五十三參」，記載善財童子親近文殊師利菩薩後，成為一位十信滿心的行者，受到文殊師利菩薩的啟發，因而發心尋師問道，闡明修行者參訪善知識歷事練心的重要性。每參訪完一位善知識，善財童子便證得與該善知識等同的果位，亦即依次證得十住、十行、十回向、十地、等覺的果位。簡言之，這段經文闡述善財童子親近善知識、一生成就佛果位的歷程。

善財童子遍歷一一〇城，參訪五十五位善知識。為何稱為「善財童子五十三參」呢？因為善財童子其中曾兩度聽聞文殊師利菩薩說法，另外又於同一時間、地點請教德生童子、有德童女同一法門，合併後通稱「善財童子五十三參」。

關於善財童子所參訪之善知識，不分尊卑、職業、性別、身分等，其中有五位菩薩、五位比丘、一位比丘尼、一位優婆塞、五位優婆夷、四位童男、兩位童女、一位天人、一位天女、一位外道、一位婆羅門、九位長者、一位博士、一位醫師、一位船師、兩位國王、一位仙人、一位佛母、一位佛妃，以及十位諸神等多位善知識；這些善知識中，出家人只有六位，其餘都是在家人。他們從事各行各業的工作，甚至有婆羅門、遍行外道等；其事相上看起來與凡夫相彷，但其內心清淨，不生煩惱。

茲略述善財童子所參訪的善知識及所聽聞之法門如下——

（一）善財童子於福城東莊嚴幢娑羅林，聽聞文殊師利菩薩說法，自此發心南行參訪善知識。

（二）受文殊師利菩薩示教，善財童子前往勝樂國妙峰山，參謁德雲比丘，請教如何學菩薩行？如何於普賢行疾得圓滿？德雲比丘乃為其解說「憶念一切諸佛境界智慧光明普見法門」。

（三）善財童子至海門國，參謁海雲比丘，海雲比丘為其解說「諸佛菩薩行光明普眼法門」。

（四）善財童子至樗伽道邊海岸聚落，參謁善住比丘，善住比丘為其解說「普速疾供養諸佛成就眾生無礙解脫法門」。

（五）善財童子到達里鼻荼國自在城，參謁彌伽大士，彌伽大士為其解說「妙音陀羅尼光明法門」。

（六）善財童子漸次遊行十二年，至住林城，參謁解脫長者，解脫長者為其解說「如來無礙莊嚴解脫法門」。

（七）善財童子至閻浮提畔摩利伽羅國，參謁海幢比丘，海幢比丘為其解說「般若波羅蜜三昧光明」。

（八）善財童子至海潮處普莊嚴國，參謁休捨優婆夷，休捨優婆夷為其解說「離憂安隱幢解脫法門」。

（九）善財童子至那羅素國，參謁毘目瞿沙仙人，毘目瞿沙仙人為其解說「菩薩無勝幢解脫」。

（十）善財童子至伊沙那聚落，參謁勝熱婆羅門。勝熱婆羅門平常修諸苦行，求一切智。善財童子承其教，於登刀山、投火聚時，證得「菩薩善住三昧及菩薩寂靜樂神通三昧」。

（十一）善財童子至師子奮迅城，參謁慈行童女，慈行童女為其解說「般若波羅蜜普莊嚴法門」。

（十二）善財童子至三眼國，參謁善見比丘，善見比丘為其解說「菩薩隨順燈解脫法門」。

（十三）善財童子至名聞國河渚中，參謁自在主童子，自在主童子為其解說「一切工巧大神通智光明法門」。

（十四）善財童子至海住大城，參謁具足優婆夷，具足優婆夷為其解說「菩薩無盡福德藏解脫法門」。

（十五）善財童子至大興城，參謁明智居士，明智居士為其解說「隨意出生福德藏解脫法門」。

（十六）善財童子至師子大城，參謁法寶髻長者，法寶髻長者為其解說

「菩薩無量福德寶藏解脫法門」。

（十七）善財童子至藤根國普門城，參謁普眼長者，普眼長者為其解說「令一切眾生普見諸佛歡喜法門」。

（十八）善財童子至多羅幢城，參謁無厭足王，無厭足王為其解說「菩薩如幻解脫法門」。

（十九）善財童子至妙光城，參謁大光王，大光王為其解說「菩薩大慈為首隨順世間三昧法門」。

（二十）善財童子至安住國，參謁不動優婆夷，不動優婆夷為其解說「求一切法無厭足三昧光明法門」。

（二十一）善財童子至都薩羅城，參謁徧行外道，徧行外道為其解說「至一切處菩薩行法門」。

（二十二）善財童子至廣大國，參謁優缽羅華長者，優缽羅華長者為其解說「調和一切香法門」。

（二十三）善財童子至樓閣大城，參謁婆施羅船師，婆施羅船師為其解說「大悲幢行法門」。

（二十四）善財童子至可樂城，參謁無上勝長者，無上勝長者為其解說「至一切處修菩薩行清淨法門」。

（二十五）善財童子至輸那國迦陵迦林城，參謁師子頻申比丘尼，師子頻申比丘尼為其解說「成就一切智解脫法門」。

（二十六）善財童子至險難國寶莊嚴城，參謁婆須蜜多優婆夷，婆須蜜多優婆夷為其解說「菩薩離貪際解脫法門」。

（二十七）善財童子至善度城，參謁鞞瑟胝羅居士，鞞瑟胝羅居士為其解說「菩薩所得不般涅槃際解脫法門」。

（二十八）善財童子至補怛洛迦山，參謁觀自在菩薩，觀自在菩薩為其解說「大悲行法門」。

（二十九）善財童子於觀自在菩薩處，參謁正趣菩薩，正趣菩薩為其解說「菩薩普疾行解脫法門」。

（三十）善財童子至墮羅鉢底城，參謁大天神，大天神為其解說「菩薩雲網解脫法門」。

（三十一）善財童子至摩竭提國菩提場，參謁安住地神，安住地神為其解說「不可壞智慧藏法門」。

（三十二）善財童子至摩竭提國迦毘羅城，參謁婆珊婆演底主夜神，婆珊婆演底主夜神為其解說「菩薩破一切眾生暗法光明解脫法門」。

（三十三）善財童子至摩竭提國菩提場，參謁普德淨光主夜神，普德淨光主夜神為其解說「菩薩寂靜禪定樂普遊步解脫法門」。

（三十四）善財童子於菩提場右邊，參謁喜目觀察眾生主夜神，喜目觀察眾生主夜神為其解說「大勢力普喜幢解脫法門」。

（三十五）善財童子於摩竭提國菩提場，參謁普救眾生妙德夜神，普救眾生妙德夜神為其解說「普現一切世間調伏眾生解脫法門」。

（三十六）善財童子於摩竭提國菩提場，參謁寂靜音海主夜神，寂靜音海主夜神為其解說「念念出生廣大喜莊嚴解脫法門」。

（三十七）善財童子於摩竭提國菩提場，參謁守護一切眾生主夜神，守護一切眾生主夜神為其解說「甚深自在妙音解脫法門」。

（三十八）善財童子於摩竭提國菩提場，參謁開敷一切樹花主夜神，開敷一切樹花主夜神為其解說「出生廣大光明解脫法門」。

（三十九）善財童子於摩竭提國菩提場，參謁大願精進力救護一切眾生夜神，大願精進力救護一切眾生夜神為其解說「教化眾生令生善根解脫法門」。

（四十）善財童子至嵐毘尼園，參謁妙德圓滿神，妙德圓滿神為其解說「菩薩於無量劫遍一切處示現受生自在解脫法門」。

（四十一）善財童子至迦毘羅城，參謁釋迦瞿波女，釋迦瞿波女為其解說「觀察菩薩三昧海解脫法門」。

（四十二）善財童子於大寶蓮華座上，參謁摩耶夫人，摩耶夫人為其解說「菩薩大願智幻解脫法門」。

（四十三）善財童子往天宮，參謁王女天主光，王女天主光為其解說「無礙念清淨莊嚴解脫」。

（四十四）善財童子從天宮下，至迦毘羅城，參謁偏友童子師，別無指示，但言可參善知眾藝童子。

（四十五）善財童子於迦毗羅城，參謁善知眾藝童子，善知眾藝童子為其解說「四十二字母法門」。

（四十六）善財童子至摩竭提國婆怛那城，參謁賢勝優婆夷，賢勝優婆夷為其解說「無依處道場解脫法門」。

（四十七）善財童子至沃田城，參謁堅固解脫長者，堅固解脫長者為其解說「無著念清淨莊嚴解脫法門」。

（四十八）善財童子於沃田城，參謁妙月長者，妙月長者為其解說「淨智光明解脫法門」。

（四十九）善財童子至出生城，參謁無勝軍長者，無勝軍長者為其解說「菩薩無盡相解脫法門」。

（五十）善財童子至城南法聚落，參謁最寂靜婆羅門，最寂靜婆羅門為其解說「菩薩誠願語解脫法門」。

（五十一）（五十二）善財童子至妙意華門城，參謁德生童子及有德童女二人，二人為其解說「菩薩幻住解脫法門」。

（五十三）善財童子至海岸國大莊嚴園中，於毘盧遮那莊嚴藏樓閣前，參謁彌勒菩薩，彌勒菩薩為其解說種種法要；復開樓閣門，命善財童子入內。此樓閣廣博無量，同於虛空，善財童子於此聞不可思議微妙法音，即得無量諸總持門，住菩薩不可思議自在解脫，彌勒菩薩復令其參謁文殊師利菩薩。

（五十四）善財童子至普門國蘇摩那城時，文殊師利菩薩遙伸右手，過一百一十由句，按善財童子頂，為其解說妙法，令得成就阿僧祇法門，具足無量大光明。復令入普賢行道場，於是善財童子渴仰欲參普賢菩薩。

（五十五）善財童子於菩提場師子座前蓮華座上，在文殊師利菩薩所得三昧已，普攝諸根，一心求見普賢菩薩。於如來前眾會之中，見普賢菩薩坐寶蓮華師子之座，身上諸毛孔出光明雲；普賢菩薩即伸右手摩觸其頂，為其解說諸法，善財童子即得一切佛剎微塵數三昧門。

此中文殊師利菩薩兩次出現：最初出現是表十信法門，文殊師利菩薩是善財童子最初學佛依止的善知識；後來，善財童子參訪彌勒菩薩，瞻仰彌勒樓閣，成就究竟佛果之因。而文殊師利菩薩再為善財童子作證，真正契入不二法門；此乃顯示盡虛空、遍法界是一相，也就是「一相三昧」，或「一行三昧」，這是理上的一行三昧。最後參訪普賢菩薩，代表事上的一行三昧，亦即念佛三昧，也就是普賢菩薩十大願王導歸極樂。此乃闡明性相一如、理事不二之理。

註五：《孝衡鈔》全名為《盂蘭盆經疏孝衡鈔》，北宋遇榮法師撰著，依據唐朝華嚴宗第五代祖師圭峰宗密大師所撰之《盂蘭盆經疏》加以注解。此鈔分上、下兩卷，其書前有「科文」一卷。正文分為三部分：一、釋疏題目，二、彰造疏人，三、釋疏本文。

「盂蘭」為梵語 ullam 之音譯，漢譯為「倒懸」；「盆」為 bana 之音譯，意為救護之器，故「盂蘭盆」有「救倒懸、解痛苦」之意。

《盂蘭盆經》的緣起，乃釋迦牟尼佛在舍衛國的祇園精舍時，其十大弟子之一的目犍連尊者（神通第一），證得六種神通力，欲報答父母之恩，便以神通力觀照，發現亡母墮在餓鬼道中，全身餓得只剩皮連骨。尊者見狀，非常難過，便用鉢盛滿佳餚，送至母親面前。目犍連的母親見到食物後，擔心其他眾生搶食，便以一手護鉢、一手迅速把食物放入口中；但食物一進口中後，立刻燃燒成火炭，不但無法享用，反而受盡苦楚。目犍連尊者感到十分悲痛，立刻向佛陀報告此事，並且請教佛陀如何解救母親脫苦？

佛陀慈悲回答：「你的母親罪根深重，習氣堅固。雖然你的孝順感動天地，而且獲得六通，仍無法解救你母親的苦難；必須仰賴十方眾僧威神之力，你的母親才能解脫餓鬼之苦。」

佛陀教導目犍連尊者，十方眾生於僧自恣日時，應當為七世父母及現在父母厄難中者，具飯、百味五果、汲灌盆器、香油錠燭、床敷臥具、盡世甘美以著盆中，供養十方大德眾僧。若能供養此等自恣僧者，則現世父母、六親眷屬，應時能脫離三惡道之苦，衣食自然；若父母健在者，則能福樂百年；而七世父母則能生天，自在化生，入天華光。

目犍連遵照佛陀的指示，在七月十五日設盆齋僧，其母親果然於當日仰仗眾僧威神之力，脫離一劫餓鬼道之苦。

佛制僧眾於每年農曆的四月十六日至七月十五日，是眾僧結夏安居日；

除非是為父母、師長或三寶事，不得出界外，全心致力於修行。七月十五日是解夏日，亦是眾僧的「自恣日」，此時眾僧身心清淨，甚至有人因而證悟；佛陀感到欣悅歡喜，故又稱「佛歡喜日」。

所謂「自恣」，意謂在結夏期中，自我檢討身、口、意三業是否曾犯過？若察覺自己有何過失，應對其他僧人發露懺悔；次請其他僧眾舉示對自己修行過程中，在見、聞、疑三事上，是否有所犯？如他人所舉，亦應對眾僧懺悔。換言之，令僧於大眾中自我反省及接受僧眾的檢舉，以發露懺悔，改過自新，回復清淨，名為僧自恣法。因此，於眾僧結夏圓滿日設齋供僧的功德最為殊勝，得以救脫七世父母及現在父母的苦厄，令他們獲得福樂。

註六：佛成道十二年後，弟子中犯過者漸多，佛就所應受持之戒律一一廣說；此一一記其事緣、詳說戒律之律藏，即稱為「廣律」，亦稱廣教。漢譯者有五種，即四分律、十誦律、摩訶僧祇律、五分律、根本說一切有部律。

廣律包括三部分：一、防範僧尼為非作惡之禁戒，即禁止某些言行之事項及違犯後所採之處罰規則，並詳說各種禁戒形成之緣由等，此即五篇（他勝、僧殘、墮罪、向彼悔、惡作等五類罪）七聚（五篇加上遮障善道及惡說）。二、有關修法、行儀及日常生活禮儀之具體規定，此為犍度部分。三、附屬事項。

第七章　弘揚戒律

三昧老和尚對諸首領上座云，**吾老人戒幢，今得見月，方堪扶樹耳。**

崇禎十一年（西元一六三八年），大師三十七歲。正月十五日，高郵縣的承天寺戒期圓滿。十七日，大眾僧隨三昧老和尚返回揚州石塔寺。此時，本府善慶庵派人至石塔寺拜見老和尚，並禮請老和尚於正月二十日開戒，至三月中旬圓滿。大師仍受命擔任西堂之職，總理各堂的戒事。

之後，老和尚又應邵伯鎮的寶公寺之請，於四月初八日起期，大師仍擔任西堂的職事。戒期圓滿後，大眾僧仍隨老和尚返回石塔寺。

受紫袈裟

老和尚於崇禎七年在北京弘法時，明神宗之女榮昌公主與駙馬楊公，特地帶領全府人前來皈依三寶。之後，榮昌公主又派遣使者奉送金桐紫僧伽黎（註一）三件，其中一件供養老和尚，另兩件則各別供養香雪阿闍黎和熏六教授師。

某日，熏六教授師帶了這件金桐紫僧伽黎到方丈室禮拜老和尚，含淚說：「我奉侍和尚座下，擔任教授師已十一年，隨時都在留意，觀察新受戒者的品格，檢驗其心行作為，欲挑出幾位新人協助輔弼老和尚的傳戒大典。直至去年在海潮庵的戒期中，才得到見月為眾中翹楚。我近日食量減少，精神減弱，想必未久便要辭別塵世。懇乞老和尚慈悲，應允我把榮昌公主所供養的這件紫袈裟，轉付予給見月。我能親自見到弘戒大業有承繼者，即使我不久將離世，亦可以安心。」老和尚聽後，感慨說道：「你真是老僧的股肱弟子，關心法門的未來。」

老和尚立刻命侍者召集常隨大職事來作證，老和尚親手捧起紫袈裟交付給大師，並囑咐：「你應當像熏六教授師隨侍我，則傳戒大業必能弘揚，亦不辜負熏六教授師對你的厚望。」大師涕淚盈襟，拜禮而受紫衣，並哽咽著說：「生我者父母，知我者熏師也；如斯大恩，唯利生可報。」在場的常隨大職事者亦隨喜讚歎大師獲得此殊榮。

六月中旬，淮安縣（今江蘇省淮安市）清江浦的檀度寺，恭請老和尚開戒，於七月十九日圓戒。老和尚欲上東海縣的雲臺山（註二）參訪，命大師留下來負責辦理度牒及名錄的編造和發放，然後讓新戒子離開戒場。辦理完戒期的善後事宜，大師於八月初上雲臺山向老和尚覆命，順道參學；於八月十三日下山渡海，仍返回石塔寺。

報恩寺傳戒

南京的護法宰官恭請三昧老和尚於十月十五日在報恩寺開期。此時，熏六法師抱病不起，留在石塔寺休養，大師則隨侍在側，侍奉其湯藥。這次老和尚進京傳戒，指派獨行法師為阿闍黎、香雪法師為教授師。

老和尚派人請大師前往報恩寺協助傳戒事宜，大師因熏六法師病篤，因而堅辭不去；老和尚再次派人請大師前往報恩寺協助，大師仍不忍離去。熏六法師生性極為孝順，對大師說：「雖然我病得很重，但你不可違背老和尚的慈命，應當速往報恩寺。我只有一事託付，日後我離世，火化之後，請把我的遺骨送到南京天隆寺，葬於古心律祖的塔右。」

大師聽後，淚如雨下，實在不忍離開熏六恩師。熏六法師又說：「老和尚此次初去南京傳戒，求戒的人一定很多；兩次緊急傳呼你，想必有要事交託，你應以傳戒大事為重，速往報恩寺，不能再延遲。」大師只能含淚拜辭熏六恩師，隨即趕往南京。

大師趕至報恩寺，老和尚詢問熏六法師的病況，大師如實稟告；老和尚聞後，心情亦深感沉重。大師仍被指派擔任西堂，香雪法師也把教誡新戒子的事委託大師統籌管理。老和尚對大師說：「此期求戒者甚多，兩位阿闍黎尚未將他們次序安單，因而請你安排一下。」

此次新戒子有六百餘人，安單的堂室在西方三聖殿後。大師立刻去安單處，只見新戒子的行李遍地狼藉。新戒子大多是聽經學教者，流露出恃才傲物的習氣，必須以自謙的方式調教。

大師向新戒子說：「我奉老和尚指派，擔任西堂之職。如果大家願意聽從我的安排，就依規矩和合共住，否則我就不能照應大家。請大家看這堂內，中間寬闊，可以容納數百人經行，但周圍的單鋪（高單）狹窄，數量有限，若是大家都想要上高單，則無法悉數容納；因此，我想先從地面上開始安單。凡是真心實意來求戒的人，好事應該禮讓給別人，正好張顯無我的精神，也是成就菩薩的行願。現在請大家隨我的安排，依次就地安單。請大家橫豎成行，不要參差不齊。凡是來自本京城內的人或是自帶小床的人，明天把小床帶來，按今天定下的安單；凡是來自京城外的人或沒有小床的人，都上高單。請大家各自肅靜，不得喧譁。」

大家聽後，欣然依從，沒有爭先恐後的現象。整個大堂中，六百餘位的單次迅速排列得井然有序，各自安放好行李。

大師每晚為新戒子講解戒律一個時辰，如有違犯，隨時勸誡，因而大家都很敬重及服從大師的教誨。

比丘戒開壇授戒前，新戒子聽說老和尚要點定臨壇尊證師（註三）的消息。新戒子中為首的霄遠沙彌，五十歲，荊州府人，在南京長時隨講席聽經，便與同戒者商議，欲請大師擔任臨壇尊證師。他們前往方丈室，跪地向老和尚稟白他們的請求。

老和尚派侍者召請大師去方丈室，說明這件事。大師說：「我的戒臘不滿兩夏，而且修行淺薄，不具德行，不敢擔任尊證。」老和尚說：「這是新戒子共同的心願，並非是你狂妄僭位，不須再推辭，這正是因緣時至。」大師只得勉強答應擔任新戒子的尊證師，拜謝老和尚後離去。

由於西方三聖殿緊鄰庫司，所以新戒子三時的粥飯都各自在自己的安單處食用。有一日，已是辰時用早粥的時間，卻不見行堂（謂佛教叢林中，每日用餐時，為大眾添飯菜及茶水的作務）送來食物，大師立即查問原由；原來，是行堂向新戒子索取錢物未遂，故意刁難。大師立刻把行堂捉來，罰其跪香。大寮（廚房）的一百餘人結黨，一起聚集於西方殿。大師擔心他們會影響戒期的進行，便到朝廷的僧錄司（管理佛教僧侶的機構），向管事僧契玄法師說明詳情。契玄法師隨即下令把寺廟所有的門關閉，並將司庫典座和飯頭用木枷鎖起來，帶回僧錄司審判；其餘幾個帶頭鬧事者，聞風即翻牆逃跑。

這是京城道場中大寮長期以來的陋習。經過這次的整頓後，大寮的執事僧各自兢兢業業，恪守本分，根除長年的惡習。

到了正式傳授比丘戒時，臨壇的情景正如大師出家前除夕夜的夢境；在夢裡，大師身著袈裟，高坐於法座上，並為大眾說法。

戒期中，傳來熏六法師在石塔寺圓寂的消息；寺僧如法荼毗後，靈骨隨即運送至南門橋下。大師一得知消息，不勝悲慟；憶起師恩昊天罔然，難以回報，淚水早已沾溼衣襟。大師立即召集同戒十三人在殿堂會合，準備前往迎接恩師的靈骨，暫且寄放在普德寺。道生法師留在普德寺負責守靈，大師和其他人則返回報恩寺，在寶塔下於八方設壇，百僧環繞禮懺六天。

十二月初一日，三昧老和尚親率獨行、香雪二位闍黎師、諸位上座，大師與同戒師兄弟帶領新戒子共一千餘名僧眾，每個人手持香花，以幡幢為前導，大眾佛聲不斷，一同護送熏六法師的靈骨至天隆寺（註四）安奉，完成熏六法師圓寂前的心願。

戒期圓滿之後，大司馬范公留老和尚掛單於一花庵，將於明年元旦舉行皈依及傳授五戒儀式。大師和其他人拜辭了老和尚，先回石塔寺。

常住寶華山

崇禎十二年（西元一六三九年），大師三十八歲。正月初一，三昧老和尚為范公等人如期舉行了皈依及傳授五戒的儀式，並為大眾開示。正月初九日，老和尚搭船回石塔寺；不料，船行至龍潭時，突遇大風浪，阻留三日。

此時，定水庵的楚璽法師前來拜謁老和尚，他是妙峰禪師（註五）的法孫。楚璽法師禮請老和尚到寶華山普照，老和尚慈悲答應。沿途只見遍地荒草；進入隆昌寺，更見臺階殿基缺損，殿堂內香燈寥落，廊廡空寂人稀，呈現頹敗景象。

老和尚嘆道：「這座叢林還不到五十年，竟已經蕭然成這樣！」楚璽法師回答：「因為缺乏德高望重的人主持，懇求老和尚慈悲中興這座寺廟，先祖的覺靈也會發自內心深深感謝。」

老和尚慨然許諾，發願重興，隨即下山。次日，老和尚渡江返回揚州石塔寺。

江陰縣的十方庵禮請老和尚於二月初八日開戒，香雪法師為羯磨師，大師開始擔任教授師。老和尚對眾執事說：「以後凡有求單進板堂受戒，以及各堂執事的人選，全歸在教授處負責，不須再請示我。」因此，大師的責任更加重大。

大師深知老和尚的慈心，特意磨鍊他。為了不辜負熏六法師的識人和舉薦，以及老和尚的一片苦心，因而任勞任怨，承擔起戒期所有的重責。

二月中旬，寶華山的楚璽法師等幾人，帶了南京各位護法居士的信函到十方庵，禮請三昧老和尚駐錫寶華山。老和尚一一展讀護法居士的信函，深受其感動。老和尚令知客師，引領楚璽法師一行人至各寮房巡察。他們一進入大師的寮房，便注視著大師，大師便說：「崇禎七年的冬天，我曾至貴寶剎學經，深擾過常住。」他們聽後，大笑說：「難怪剛才一見時，就感到面熟，又怕認錯人，果真是你。怎麼數年間便擔任教授師的職事，我們真是有眼不識泰山啊！」大家互敘別後這幾年的因緣。

楚璽法師一行人留宿一夜，次日一行人就返回寶華山。十方庵的戒期，如期於四月初八日圓滿結束。

四月十五日，三昧老和尚率領眾弟子抵達寶華山。晚上，老和尚召集大師、見玄、支浮、四弘、純然、獨行、心融、香雪、月谷、達照等法師及諸位老闍黎，共同至方丈室議事。老和尚說：「今日我們移居此山，乃是常住，不像在石塔寺只是暫居。你們諸位當中，必須有一位具備道心、又有才能、精力強壯、不惜勞苦的人，為我作此山的監院（總監全寺內外一切事務的僧職），其餘的執事以後再定。」

大家聽後，都默然而立。老和尚就對大師說：「見月，你為何不發心承當呢？」大師說：「老和尚並未點名我，在諸位師父的面前，我不敢出聲。」老和尚回應：「我明明提及道心、才能及不惜勞苦的人，不就是指你？」諸位闍黎師說：「見公，你應當禮拜受職，不要違逆老和尚的慈命。」

大師禮拜老和尚後，說：「弟子乞求老和尚允許四件事，我才敢承當此職。第一、三餐粥飯，我一律隨大眾在齋堂食用，不陪施主用餐；第二、一切宰官權貴來山，我一概不迎送；第三、我不往俗家弔喪或賀喜；第四、有關銀錢進出及採購，我一概不經手。我只盡心料理大眾之事，決不怠惰常住之事。」

老和尚回答：「這四件事都隨你願，但不要推辭講律之事。」大師說：「講律並非監院的職責，恐引起眾僧議論不服。」老和尚說：「你乃教授師兼任監院一職，並非監院僭越教授師之事。」諸位闍黎師說：「我們當中，講律非你莫屬；弘律一事，你更應遵循老和尚的慈意。」於是大師仍受命擔任教授師，又兼任監院的職事。

成拙法師重逢

五月十八日是老和尚六旬大壽；遠近各寺的上座，以及十方戒弟子雲集於寶華山，為老和尚祝壽。

九月，寶華山開冬期傳戒，各方的新戒子紛至沓來。某日，大師忽見成拙法師肩擔衣鉢而來，大師喜出望外，迅速地向前迎去，歡喜地問他打從何處而來？成拙法師回答：「自從在北方遭難後，我獨自往南方逃難，先至天童寺參禪，後來又往黃山學經等。最近，我聽說三昧老和尚在寶華山傳戒，便趕來求戒。這幾年，我一直在打聽您的蹤跡，只是沒有任何音訊。」

大師說：「我們別後，我在逃難途中，改法號為見月，因此你打聽不到我的消息。我們聚而又散，散而復聚，真是多生的良緣。三年未見，今日的奇遇恰似圓滿讓我成為你臨壇的尊證。」成拙法師終於如願在寶華山求受比丘戒。

第一次離山

崇禎十三年（西元一六四〇年），大師三十九歲。這一年江南發生大旱，米糧欠收。寶華山春期開戒，在三昧老和尚的主持下，仍如期於四月八日圓戒。朝廷的內監蘇公等人，曾入寶華山設齋供僧。

由於旱災收成欠佳，物價上漲。常住購買的麵粉粗黑，引發寺僧議論紛紛。

老和尚聞知此事，立即訶責大師，甚至欲出手打大師。大師跪下說：「老和尚忘了答應過弟子在兼任監院前所乞允之事嗎？有關寺中銀錢進出及採購，弟子一概不經手。」老和尚憶起此事，便說：「此事的確與你無關。」老和尚隨即到副監院的寮房，責打達照法師。達照法師被責打後，內心忿忿不平，便至大師的寮房，抱怨大師不替他遮掩。由於達照法師是大師臨壇的尊證師，大師只得默默承受其責難。

大師對成拙法師說：「看來我還是先避開較好，我們一起去天童寺。」次日天未亮，大師便把行李交給成拙法師，請他先到後山等大師。

天一亮，大師登上龍崗，朝向方丈室虔誠九拜，便往後山與成拙法師會合。他們一起至湯水的延祥寺投宿。他們繼續走了四天，到達無錫縣，掛單於鎮塘庵，巧遇幾位戒弟子，盛情挽留數日。

四月二十日，有一個新戒子來自寶華山，一見到大師便禮拜流淚。問其原由，他說：「打從師父四月初九離寺，老和尚便向大眾說，您不該把供養大眾僧的四十兩銀錢帶走。因此，寺裡的人都在議論此事。弟子知道師父被冤枉了，所以忍不住流下淚。」

大師對他及成拙法師說：「其實老和尚並非有意冤枉我，此乃他老人家的善巧方便，他知曉我聽到此事後，自然會不召而回；若我不回山，大眾必會以為我真的攜銀離寺。」翌日，大師立即返回寶華山，至方丈室頂禮老和尚，並求懺悔。老和尚慈悲說：「你無罪可懺，乃情非得已而離寺，我刻意用你私自攜銀離寺來激你速返回寺。」老和尚仍指派大師擔任教授師之職。

到了冬期開戒，有一百餘名新戒子至寶華山求受大戒，如期傳授完比丘戒。後來，又從北方遠道而來四人求受比丘戒，老和尚令香雪闍黎師為他們傳授沙彌戒；香雪闍黎師傳授完沙彌戒後，隨即又為他們傳授比丘戒。

引禮師智閑法師帶他們至大師的寮房禮拜大師後，智閑法師稟告大師他們四人求戒的情況。大師聞後，便說：「戒律中有明文規定，比丘受具足戒時，須有三師七證，共十師。現在老和尚還健在，為何單獨只有一師為四位新戒子傳授比丘戒呢？此舉不合乎律典的規定。我不是你們的教授師，也不能為你們辦理僧錄和發放度牒。」

智閑法師將此事稟告香雪闍黎師，香雪闍黎師便至大師的寮房，訶責大師目無師長、傲慢自專；大師仍堅守原則，不發放度牒給四人。

香雪闍黎師逕向老和尚稟白此事，老和尚立即令侍者召喚大師至方丈室，並詢問原由。大師回答：「香雪闍黎師責難弟子，乃從世俗之禮俗，認為弟子須完全聽從師長的旨意，否則就是目無師長，傲慢自大；但弟子謹遵佛制，不具備十師臨壇尊證，而由一師獨傳大戒，是不合乎佛制，此乃關乎佛法住世的大事。弟子受命忝居教授一職，遇此不如法之事，理應阻止諫正，弟子懇請老和尚慈悲指導。」

老和尚聽後，對香雪闍黎師說：「此事乃是你一時之錯，見月乃是依律制而行。擇日再請十師臨壇，為他們四人傳授具足戒。」後來，老和尚對諸位上座說：「如今總算有見月，得以將老僧的戒幢樹立起來。」

崇禎十四年（西元一六四一年），大師四十歲。松江府的超果寺恭請三昧老和尚於正月十五日起期，新舊戒子共有五百餘人參與，此次戒期於五月十五日圓滿結束。在傳戒期間，常熟縣福山的廣福寺，亦來禮請老和尚於五月二十八日開戒。

當松江府的戒期圓滿時，老和尚令大師率領眾執事先至廣福寺，準備前行工作。廣福寺的傳戒儀式於七月初一圓滿，老和尚率眾僧返回寶華山。

寶華山的隆昌寺是南朝的古剎，始建於梁武帝天監元年（西元五〇二年），當時是由朝廷內監負責監督修造；但由於寺院的朝向不對，因而造成常住不興旺。老和尚既已發願重興寶華山，首先擇日變更隆昌寺的朝向，只保留銅殿不變動，其餘的建築都得變動。因工程浩大，所費不貲；全寺的僧眾，無不齊心協力修建隆昌寺。

此時，棲霞山的觀音庵（此乃古心如馨律祖的披剃處）恭請老和尚於臘月初八起期，大師仍受命擔任此戒期的教授師。由於此次戒期正值寶華山動工之際，老和尚常把大師喚回寶華山協助籌畫；不論卸瓦運磚，大師都躬身率先領眾勞動。

第二次離山

崇禎十五年（西元一六四二年），大師四十一歲。正月初十日，棲霞山的觀音庵戒期圓滿後，老和尚立即率眾僧返回寶華山。

大師發現，知客師履中法師的徒弟擔任前殿的香燈職，卻行非法之事——破了根本戒。大師向香雪闍黎師及當家達照法師報告此事，但二師都袒護，認為可以寬恕。大師聽後感到無比心寒，二位師長竟然縱容破了根本大戒的寺僧，不予以嚴懲，這豈非律法壞滅的前兆！於是大師決定離山，隱遁黃山，自己好好實修。

隨後，便向成拙法師說起此事。成拙法師認為：「事關重大，最好還是從長計議。」大師說：「我身受老和尚的厚愛，原本不忍心離寺。但是，老和尚座下的各位闍黎、班首、當家等都是我的師長；我雖身居監院，卻是他們的弟子，如何以下諫上，據理力爭呢？與其從長計議，我看還不如以退為上策。」

因此，大師便至方丈室，向老和尚請長假，欲住山靜修；但老和尚不准，令大師跟隨他前往楚地，因為荊王禮請老和尚去傳戒。大師說：「弟子今日先向老和尚告假，行期尚未確定。」然而，大師的去意已定，已經無心再留下來。

次日早上，大師與成拙、天一、常清等三位法師，收拾好衣缽，便一同下山，前往黃山。大師四人行至太平縣（安徽省黃山市）五里塔茶庵歇息，巧遇戒弟子庚石法師盛情挽留，並熱情款待。

該茶庵對面的山，名為慶雲岩，仲德法師靜居於那裡。旁邊有一小嶺，松林翠密，群山環抱，十分清幽；庚石法師建議，大師四人可以在那裡靜修。大師與成拙法師，便割除茅草、開墾地基，搭建一個小茅棚，費時一個多月完成。

此時，大師突然想起，自己的本意是入黃山隱居，如今卻在中途駐足棲息，因而又動念欲往黃山。天一法師見到大師執意前往黃山，便獨自回寶華山，成拙法師則被旌德縣的人請去，只有常清法師隨侍在大師身邊。

十月初十日，庚石法師送大師他們前往黃山，掛單於文殊院下的貝葉庵。黃山土少、石多，不宜種植蔬菜，因而打消了欲食用新鮮蔬菜的念頭。到了歲末，放眼望去，全是銀峰玉嶺，寒凍如同塞北。

文殊院的靜主曉宗法師，是教授師的弟子。他知曉大師在寶華山冬天不圍爐烤火，但如今在黃山過嚴冬，比起寶華山酷寒；於是他特地帶了米和炭，踏雪而來，跪地懇求大師烤火取暖；大師深受感動，答應其請求。此地雖寒苦，但十分適合修行。

崇禎十六年（西元一六四三年），大師四十二歲。正月十一日，華山的靜主戒生法師，他是大師的至交益友，彼此非常契合；他和弟子智周法師二人，由庚石法師帶路，到達貝葉庵。一見到他們，大師便問：「你們為何遠道來此呢？」戒生法師說：「自從教授師離去後，老和尚二十六日應邀至楚地；今年正月初二回山，得知教授師遠行未返，十分焦急。老和尚知道我與教授師交情很深，便親筆寫信，差我前來，請教授師還山。」大師立即焚香捧信拜讀，悲感深恩，猶如慈父不棄逆子。

大師挽留戒生法師遊山五日後，便起程一同前往旌德縣會晤成拙法師，在那裡的靜室採茶，逗留一個多月；直到三月七日，他們方抵寶華山。

老和尚應揚州府的興教寺之請，已經渡江至該寺起期傳戒。老和尚臨行前曾留言：「若見月回山，可至期中教授新戒。」興教寺於三月初一起期，當時大師尚未回山，老和尚只好命玄上座為該期的教授師。因此，大師雖知曉老和尚的留言，仍決定留在寶華山，等候老和尚回來。

大師先派智周法師渡江拜見老和尚覆命，代大師向老和尚頂禮。臨近傳授比丘戒時，老和尚又派人召大師速至興教寺。大師一到興教寺，便向老和尚頂禮並請罪；老和尚慈悲寬恕大師，並令大師臨壇作尊證。

揚州興教寺的戒期圓滿後，泰州（今江蘇省泰州市）口岸大寺懇請老和尚傳戒，大師仍任教授。馬橋的觀音庵離口岸大寺不遠，也前來請求起期傳戒，老和尚也慈悲應允。待口岸大寺的戒期圓滿後，便轉至觀音庵。

某日，老和尚應縣城朱姓的官家之請赴齋。當時請老和尚傳授皈依的人很多，老和尚臨行前把自己的衲衣及取好的法名冊子交給大師並交代，若是有人求皈依，大師則穿上老和尚的衲衣坐在法座上，把法名給他們。

由於天公不作美，連下了兩天的陰雨，未有一人至寺，大師因而沒有機會坐上老和尚的法座，法名也沒有發出一張。待老和尚歸來，天空放晴，求皈依及法名者又絡繹不絕。老和尚對大師說：「我的法座已經允許你坐，只是等待因緣成熟。」大師聽後，汗顏拜謝。觀音庵的戒期於八月初一圓滿結束。

太平府的白苧山禮請老和尚於九月一日開戒，十月初八圓戒，眾人跟隨老和尚返回寶華山。接著，南京報恩萬佛閣請求老和尚於十月初一開戒，至二月初八戒期圓滿。

大師於十二日奉命出山募化米糧，行至句容縣。居住在句容城北門外靜室的雪幢法師，他是常熟人，雖未受戒，但與大師十分投契。他聽說大師至此地化緣米糧，便全力協助；不到半個月的時間，就募化到多達三百餘石的米糧，而且村村相約定，在開春正月期間，各自把米送至寶華山。

募化完成後，大師便返回山上，拜見老和尚，並說明募化的情況。老和尚微笑說：「你曾經廣結善緣，方能有如此好的成果；無緣之人是化緣不到米糧的。」

二月初，蘇州闔郡的鄉紳恭請老和尚於北禪寺起期傳戒，至四月八日圓滿，眾人隨老和尚返還寶華山。

崇禎十七年（西元一六四四年），大師四十三歲。三月間，李自成攻占北京；三月十九日，崇禎皇帝於北京煤山（今景山）自縊身亡。七月十五日，南明朝廷的文武百官，在南京大報恩寺為崇禎皇帝舉辦超薦法會，恭請老和尚主壇。弘光皇帝朱由崧特遣內監喬尚御賜老和尚紫衣及金帛，直至十月十五日法會圓滿，老和尚領眾歸山。

隨即又有浙中紹興府的大能仁寺禮請老和尚於十二月十五日開戒；傳戒期間，魯王朱以海至大能仁寺皈依三寶，並經常蒞臨聽法。此次戒期於弘光元年（順治二年）二月十日圓滿。

弘光元年（清朝順治二年，西元一六四五年），大師四十四歲。嘉興府的三塔寺也恭請老和尚開戒，於是眾人隨老和尚渡過錢塘江，夜宿大昭慶寺。當時的潞王朱常淓聽聞老和尚至杭州，便帶全府人禮請老和尚傳授皈依，並懇請老和尚登大昭慶寺古戒壇傳戒，老和尚亦慈悲應允。

老和尚率眾於二月二十八日至三塔寺，並於三月初一日開期傳戒，新戒子有五百餘人，多半的戒子來自天童寺，大師仍任教授師，嚴遵佛制，新戒子莫不兢兢業業地研讀戒律，無人敢逾越堂規。

某日，大師忽然想起在黃山住靜未久，便蒙老和尚慈命召回寶華山，於是想為老和尚建造一座壽塔，報答其大恩。大師便至方丈室，頂禮老和尚，並稟明自己的想法，老和尚欣然答應。

大師立即製作募集壽塔的功德簿，並在功德簿的開端，書寫自己捐一百兩的銀錢，隨後至各堂口，向新戒子說明啟建壽塔一事，各人隨力供養；眾人聽後，俱發孝心供養。在此戒期中，共募得三百兩銀錢。

此時，傳來大清的兵馬於五月十八日渡江，南京已歸順。弘光皇帝已於五月十一日凌晨倉皇出逃，又於五月二十二日被劫持後，獻給清軍。之後，於清順治三年五月，弘光皇帝被斬首於北京的菜市口。

老和尚在三塔寺傳戒圓滿後，立即領眾轉回蘇州。離蘇州不遠的崑山縣，有位無歇比丘尼是老和尚剃度受戒的弟子，聽聞老和尚已抵達蘇州，便迎接老和尚至崑山縣。

此縣的曇華亭是老和尚的祖庭，因為往來較頻繁，所以皈依者多。大師向他們說明籌建老和尚壽塔的因緣，無歇法師立即贊助一百兩銀錢，輾轉化募四百餘兩銀錢，總共募得九百七十六兩五錢。由於世道混亂，難以將此款項託人保管，大師只好自己保管銀錢。

三昧老和尚圓寂

六月初，虎丘甘露庵的戒初上座，禮請老和尚到庵歇息。數日後，老和尚身染脾瀉；由於來往運兵，水路不通，不能速歸寶華山。老和尚的常隨眾漸漸星散，只有香雪法師、大師、侍者、書記等十四人尚留在老和尚身邊侍奉。

堯峰寺的戒子，聽說老和尚身體欠安，便迎接至堯峰寺調養，但病情日益加重，大師心中很擔憂。數日以後，香雪法師也告假而去。某日，聽說清兵已到木瀆鎮，離堯峰寺不遠；該寺大眾都各自出逃隱匿，大師請老和尚至山頂靜室避難。

數日後，聽說道路可以通行，老和尚命大師覓船，返還寶華山；行至常州時，遇到兵馬阻滯，無法前行，一行人只好又返回蘇州。過了三、四天，局勢稍穩定，大師又僱船，扶老和尚上船。

行至新豐鎮，只見上流的船隻爭相漫河而下，大師見狀，急忙問原由。有一船主回答：「大兵已至鎮江府，很快便到丹陽，因而大家紛紛逃避，你們的船不能再前行。」因此，大師陪侍老和尚又返回蘇州。

又過了數日，見有船隻來往，大師他們再扶老和尚上船，終於在六月二十六日返回寶華山。寺中大眾都到山門，迎接老和尚，禮拜問安。老和尚微笑說：「回到山上，果然感到身心安頓。但我弘法利生之事已畢，今日與你們約定，三日以後、七日以內，我將辭世。」大眾聽後都流下淚水。老和尚說：「生死幻化，實無來往，為何哭泣？」

當晚，大師請眾執事於堂中，請月谷法師依募化壽塔的功德簿所載的順序報出功德主及其捐款，由慧牧法師計算善款，共計銀九百七十六兩五錢，當眾交給當家達照法師，由他統籌規畫建塔。

夜深之際，大師想起寺廟改向修建時，老和尚曾吩咐達照法師說：「將來我的骨塔可建在正殿之後。」但大師觀察各地的叢林發現，凡是於正殿後建塔的，都不興旺。次日，大師至方丈室請教老和尚：「我們歡喜老和尚應允建造壽塔。請問老和尚覺得壽塔建何處為宜？」老和尚說：「就建在大殿之後。」大師說：「我昔曾聽風水師談論地脈，分為三轉；大轉通常歇息一百二十年才能轉發興旺，中轉歇八十年才轉興旺，小轉歇四十年方能興旺。這座大殿後是來脈，假若地脈轉而不興旺，後人會認為是壽塔傷了風水，恐怕須更改方位；不如把塔建在龍首，以保永遠。塔與則常住與，常住與則塔與。」老和尚思忖良久後，回答：「好的，就依你的建議，壽塔建於龍首。」

當時達照法師和慧牧法師亦在方丈室，大師說：「諸位師長都聽到老和尚親允，塔不建在殿後，而是建於龍首的位置。」

閏六月初一，老和尚令侍者取曆書，查看後說：「我於初四巳時，當取涅槃。」隨即令弟子敲犍槌（寺院中召集僧眾或報時的響器）召集大眾至方丈室。老和尚說：「寶華山法席，見月可以繼承。」老和尚欲將紫衣和戒本授予大師，並說，「我今以此事囑咐予你，希冀你能總持三學（戒、定、慧），闡發戒光。」大師立即跪地稟白：「弟子的戒臘和修德都屬最後，請老和尚囑咐予諸位闍黎師，弟子願盡心協助輔化。」老和尚立即面向裡而臥，沉默不語。

大師心想，暫且先隨順老和尚的心意，便雙手接捧著紫衣和戒本，說：「弟子奉老和尚的慈命，現在暫且看守；待老和尚的法體康復後，再交還給老和尚。」老和尚語重心長地說：「今日囑託你繼任寶華山法席，並非一時之興，而是長久以來存有此念，你不必再推辭。」大師拜受而起。

老和尚再對獨行法師說：「你的德行和戒臘俱優，堪為羯磨師，可作後學的軌範。」老和尚又對達照法師說：「你仍任監院，當全力輔助見月。」

初四當日，老和尚召集眾人至方丈室，取水沐浴淨身，對大眾說：「我身上的水乾便離世。你們莫作去來想，不得穿著孝服涕泣，不可向各方發送訃文；凡是世俗禮儀，全都不用。三日後，葬於寺之龍山。」隨即命眾人念佛。水乾時，老和尚結跏趺坐，微笑而逝。

老和尚的靈體供奉於方丈室，一切都遵照老和尚遺命，大家至誠誦經三日，然後法眾手持香花幡幢，護送老和尚的靈體至龍山，建全身塔供奉。

大師不願回寮房，願守靈塔三年，作灑掃侍者，只用蘆席遮頂，風雨無阻，晝夜誦經，以報老和尚的深恩。不到一個月，大眾強請大師回寺，送進方丈室安住。

老和尚圓寂後，弟子戒顯法師作〈三昧和尚像贊〉云：

法說四十年，道行幾萬里。鼎重律門毗尼振，起大靈谷之嘉聲，肅南山之正軌。在東林，則白蓮重開，應遠公再來之識；在破額，則紫雲遍現，為醫祖中興之子。到處鬼神稟戒，以致帝王賜紫。至今越北燕南，盡是千華發蕊。後千斯年，瞻之仰之，孰不涕淚悲號，搏顙有泚。嗚呼，盛德大業至矣哉！

此贊用以緬懷讚譽老和尚一生的德業。未久，朝廷聞訊，皇帝遣使送匾額至寶華山，題為「光明金剛」，謚號「淨智律師」。

由於大師的為人剛正不阿，不徇私逢迎，因而得罪很多人，包括其師長。凡是不合乎戒律的事，大師是不會同流合汙的，但面對師長，又難以據理力爭；於是，大師只能自己離開寶華山。終其一生，大師曾四次離山又回，其剛毅正直的個性，實為佛弟子的典範。

【註釋】

註一：僧伽黎是僧人的三衣或五衣之一。在僧團成立初期，佛陀沒有限制比丘應該有多少件衣服，只是披著的方法及式樣與俗人和外道不同。後來，有一年冬天，佛陀看見有些弟子得到很多布料，有的戴在頭上，有的掛在肩上，有的纏在腰際，看起來既失威儀、而且累贅，於是佛陀便有限衣的想法。

當時正值隆冬，當天晚上佛陀親自試驗。初夜披一件可以禦寒；中夜覺得冷，再加上一件；後夜時，還覺得冷，便再加一件，就足夠禦寒。因此，佛陀制定比丘只能擁有三衣——安陀會、鬱多羅僧和僧伽黎；後來又制定，三衣之外，可以加上僧祇支（覆肩衣）和涅槃僧（裙子），則成五衣。

演變至後來，「安陀會」是五條布縫成的中宿衣（下衣），供僧人日常作業和睡覺時穿用；「鬱多羅僧」是七條布縫成的入眾衣（上衣），供僧人禮誦、聽講、布薩時穿用；「僧伽黎」是九條乃至二十五條布縫成的大衣，專供外出，例如進入王宮或城鎮村落時穿用。

據《事物紀元》記載，武則天稱帝後，勅沙門法朗等九人譯《大雲經》，並封縣公及賜紫袈裟。此後，歷代皇親皆以賜紫袈裟予僧人表達最高的敬意。

註二：雲臺山位於今江蘇連雲港東北部山嶺，在連雲港市郊。由錦屏山、前雲臺山、中雲臺山、後雲臺山和鷹遊山等互不連續的斷塊山組成。東南側平緩，西北側陡峭，其中海拔六二五公尺，為江蘇省最高點。古稱鬱洲山，唐宋時稱蒼梧山，吳承恩在《西遊記》中稱雲臺山屬東海傲來國。唐朝李白曾作詩：「明日不歸沉碧海，白雲愁色滿蒼梧。」宋朝蘇軾亦曾作詩：「鬱郁蒼梧海上山，蓬萊方丈有無間。」都是描述雲臺山。其峻峰深澗，奇巖坦坡，山光水色，獨具神姿，被譽為「海內四大名靈」之一。

雲臺山有花果山、水簾洞等自然景觀，加上古典名著《西遊記》的精彩描繪，使得此山充滿神奇的魅力。位於花果山街道的海清寺塔，又名阿育王塔，始建於北宋天聖元年（西元一〇二三年），為供養「釋迦真身舍利」和「阿育王靈牙」而建，乃蘇北地區現存最高和最古老的一座寶塔。阿育王塔自古是雲臺山的主要景點之一，明代稱為「古塔穿雲」，清代則名為「塔影團圓」。

註三：依據中國佛教傳戒儀式，出家者必須受三壇大戒，方成為合格之大乘出家人。傳戒日期約三十日至六十日。比丘受具足戒時，須有三師七證，共十師。其中，得戒和尚一人、羯磨阿闍黎一人、教授阿闍黎一人，是為三師和尚；另有尊證阿闍黎七人，是臨壇證明羯磨（傳戒作法）之確實無謬的戒師。

若是在邊地，則可減為三師二證。因此，至少須五位如法的比丘，才可以傳授比丘戒。

註四：天隆寺始建於明初，原名極樂庵，有「中興戒律第一祖庭、敕賜振古香林」之稱。寺後玉環山上，供奉中國佛教律宗中興祖師古心和尚全身塔、熏六法師的靈塔、以及古林寺和天隆寺歷代祖師塔。

天隆寺塔林位於南京城南石子崗玉環山，地屬菊花臺公園。西元一九九二年，被列為南京市文物保護單位。

西元二〇一三年，南京市長請星雲大師重建天隆寺。星雲大師表示，天隆寺在此奠基，不只是建一所寺院，還要把它建成人生的加油站、一座學校、一間百貨公司，這間百貨公司是補給精神方面及應用的品項，例如：「信心、忍耐、力量、勤勞、服務」等；消費後，可以為社會提供服務，讓天隆寺成為人文、文化、心靈功能兼備的聯誼處，成為社會和諧的起站。

註五：妙峰禪師（西元一五四〇至一六一二年），俗姓續，原名福登，山西平陽府臨汾縣（今山西省臨汾市）人。七歲時，值遇荒年，父母因病餓而過世。明嘉靖三十年（一五五一年），妙峰禪師十二歲，在蒲州萬固寺（今山西省永濟縣城西南）出家為僧。在山陰王朱俊柵的護持下，妙峰禪師閉關研讀經論；由於高度的求知欲，配合精進不懈的學習精神，奠定了豐富的佛學根基。

明神宗萬曆七年（一五七九年），神宗皇帝生母慈聖李太后出資，在五臺山重修「釋迦文佛真身舍利寶塔」，即今五臺山大白塔。妙峰禪師當時到五臺山，用舌血抄寫了一部《大華嚴經》；萬曆十年（一五八二年），大白塔功成之時，妙峰禪師手捧血經，恭敬奉獻。此事得到慈聖皇太后的賞識，將血經珍藏於白塔之中。

萬曆三十三年（一六〇五年），由於慈聖皇太后出資贊助，妙峰禪師在寶華山建了一座銅殿，以及兩座無量殿。修建完竣後，神宗皇帝頒賜《大藏經》及「護國聖化隆昌寺」的匾額，此乃「隆昌寺」寺名的由來。

妙峰禪師有「佛門魯班」之稱，一生修建了蘆芽山的華嚴寺、七層鐵塔、寧武萬佛洞、蒲州萬固寺、陝西三原的大橋、黃河大橋、太原永祚寺（俗稱雙塔寺），以及峨嵋、華山、五臺三座銅殿等風格獨特的建築，成為佛教藝術的大瑰寶。

妙峰禪師深受明朝皇室器重，神宗曾敕賜其香佛繡冠、千佛磨納紫衣及「真正佛子」之稱號。妙峰禪師圓寂後，皇帝御賜葬於永明寺西建塔紀念。

第八章　智勇護道場

余自眾云，今始安居，切莫怖退，豈無善神冥護；凡有兵馬及土賊到山，余自向前應答，不勞眾人回之。

三昧老和尚圓寂後，大師遵奉師命，繼主寶華山的法席。當時，香雪法師在蘇州，聽知此事，內心頗不以為然。於是從蘇州搭船逆流而上，準備前往楚地，途經龍潭，亦不入寶華山。達照法師得知此事，便派人送親筆信函，懇切勸誡香雪法師回山。香雪法師始勉強回山，禮拜老和尚的靈塔。

制定僧約、改革弊病

香雪法師擅自請工匠在大悲殿刻他所集著的《楞嚴貫珠》，把大悲殿內弄得一片狼藉。大師建議香雪法師移至廂樓去刻，香雪法師說：「今日在殿裡刻經，你嫌不乾淨，將來若是屋虛單空、塵厚草深時，恐怕無人伴你打掃。」大師義正辭嚴地回應：「請香雪師父說話慎重！本山的龍天護法常住，又有先師光明護佑，想必不會落到那地步。無須煩勞香雪師父為弟子擔憂。」

大師返回方丈室，仍思量著香雪法師所言，認為應視此為逆增上緣，堅定自己弘律的決心，全力撐住法門。頓時，大師轉悲嘆為欣喜，認為欲整頓佛門，理應建立僧規，首先革除弊端，再依方軌而行。大師既萌生此想法，便劍及履及，當夜即擬好十條規約。

次日，大師召集眾僧，並禮請香雪法師和達照法師至大殿。大師對眾僧說道，自己行劣福輕，承蒙老和尚囑累主持本山；今訂十事作為規約，各方不得例外。因此請二位師父作證，向大眾僧宣布，願寺僧共同遵守。

大師所立十款僧約如下：

一、每見諸方古剎，各房頭別爨，僧人自立己業。殿堂寂寥，稀僧梵修，致使叢林日漸頹敗。過責先主席者，泛濫剃度，不擇道品。今某但願華山永興，杜絕房頭之患，惟與袈裟法親同居，誓不披剃一人。（爨：用火燒熟食物。）

二、每見叢林攢單養老，年少亦收，恣肆不肯修行，坐享莫知慚愧。傳說彼此，挑唆大眾，故令檀越譏誚，三門掩彩。此例華山盡革，若果老年修行者，不攢單資，隨緣共住。

三、諸方叢林，多安化主，廣給募疏。方丈讚美牢籠，執事訊勞趨敬。故今矜功欺眾，把持當家，大錯因果，退息檀信。今華山不安一化主，不散一緣簿，道糧任其自來，修行決不空腹。（化主：負責向信眾化緣之人。）

四、諸方出頭長老，一居方丈即設小廚，收積果品，治造飲食，恣意私餐。若愛者有分，餘莫能嘗。媿統眾之名不均，設齋堂之位匙臨。今某三時粥飯隨堂，一切果品入庫。若檀護進山，賓主之禮難廢，此則不為偏眾。

五、諸方堂頭莫不分收檀施，香儀即入方丈，齋資乃送庫司。此謂共中分二。設若單供香儀，則香儀歸方丈，銀錢蓄為己有；款客皆出於常住，累當家七事之憂。方丈不思常住屬我，我物盡是常住。今某緣雖未臻，預革於先，凡有香儀總歸常住，若是私用，進出眾知。

六、諸方帖報傳戒，或三七，或一月，來則必定攢單，去則普散化疏，借斯貿易，豈真弘法。今後，華山衆不攢單，散不給疏，淡薄隨時，清淨傳戒。

七、諸方大剎，各寮私蓄茶果，擺列玩器，豈但聚坐雜談，空消歲月，抑且論人短長，令眾參差，損多益少，信施焉受！故今革除，凡同居大眾，若道友顧望，或交識尋訪，請至客寮，隨便相款。一則常住不缺賓禮，次則於己面色生光。

八、諸方堂頭，慣行弔賀，賄送檀門。出俗反行俗禮，為僧不惜僧儀。因貪利養，佛制全違。今華山實則遠於城邑，又俱依律行持，凡不合佛制之弔賀，俱皆廢除。篤信檀護，自然諒宥。

九、居山梵剎，不類城鎮叢林，柴米不無擔運，普務鳴梆齊行。若方丈自安而勞他，何名統眾。今某出坡不縮於後，諸務必躬其先，有病則不勉強，至老方可歇息，同居大眾，開除亦爾。

十、同界大眾，俱遵佛制，皆去飾好，勿著蠶絲，勿類俗服，三衣不離，須染壞色，一鉢恆用，瓦鐵應持，過午律無開聽，增修依教奉行，彼此策進，怠者隨勤。

大師針對當時隆昌寺的弊端，早期行腳及受戒時所見到佛門的亂象，提出符合佛陀制戒本懷的十款僧約，作為寶華山的共住規約。這些僧約與佛制的「六和敬」——「身和同住」、「口和無諍」、「意和同悅」、「戒和同行」、「見和同解」、「利和同均」相契合，善巧地令僧眾安住於律儀之中。其中數款僧約是取消方丈的特權，例如別眾食、收香儀、不須隨眾出坡等特權，凡事與寺僧平等，甚至出坡等勞務不落人後，諸事必躬身先為，以身作則。大師認為，若以此十事作為大眾僧共同的規約，僧眾必能和諧共住，何愁寶華山不興旺！

達照法師聽完十款僧約後，說：「整頓寺風，固是佳事，但須慢慢進行為宜。至於化主一事，不可斷除；若是『不安一化主，不散一緣簿』，恐怕日後會斷糧源，後悔莫及。」大師回答：「我雖初任方丈，發誓不仿效各方叢林熱鬧，門庭若市，願效法古人的精勤辦道，何愁正信檀越不護持！」

香雪法師聽後，一言不發，昂首而去，達照法師亦不悅地嘆息而去。

事實證明，大師的遠見和睿智是正確的！雖然不設化主和功德簿，隆昌寺非但未斷糧源，反而由於僧眾如法持戒，自然感得龍天護法護持，四方檀越不募而至，隆昌寺因而聲名大噪，成為中國東南方的一大叢林。

老和尚在世時，曾有三名太監求受皈依，孫太監號頓悟，劉太監號頓修，張太監號頓證。清兵渡江攻克南京時，三人逃入寶華山求出家。當時老和尚在嘉興府三塔寺傳戒未回，是由達照法師把老和尚的法像掛在中堂，自己為他們三人披剃。後來，老和尚回山時，他們三人已各住一僧房。

九月三十日，頓修法師私自與香雪法師和達照法師商議，欲在自己的寮房開小灶，二師都答應。十月初一，頓修法師請大師到他的寮房喝茶，二位師父已在座。頓修法師對大師表明欲獨自開小灶，並已得香雪和達照二師應允，今向新方丈稟告一聲。

大師說：「你既知我是方丈，為何不找我一同商量，而是私下先徵得二師同意，事後再告知我呢？今日我有三件事奉告：第一、先和尚在世時，凡諸方請老和尚起期傳戒，若有私設小灶，必令先毀，與大眾同一大廚，然後才赴請，若是不毀則不去。現老和尚圓寂未滿四個月，誰敢在本常住私開小灶別炊，便是欺誑先師，斷不可為。第二、若執意要私開小灶，則等我死後，或可任意亂為。第三、如我有因緣離去，不居寶華山的方丈，則悉聽尊便，隨各位師父作主；只要我仍主持此山，決不容其頹敗廢弛。」話一說完，大師便拂袖而去。香雪、達照二師默然無語，頓修法師則滿臉通紅，不知無措。大師以此因緣，作為振興戒律之肇端。

某日，大師召集大眾至大雄寶殿，並請香雪和達照二師，大師先向二師禮拜後，轉身對大眾說：「我長期隨侍先和尚，與各位師長共同輔佐教化戒子，凡事皆先向師長稟白。我曾親聞老和尚的慈訓，云：『自古心律祖，發心中與律法，我承繼律祖，一生弘律，我們皆從善巧方便著手。你志在弘揚毗尼，待日後你可以遵律制而行。』今日，我承師命，獨擔住持，絕不能知律而不行律。自今日向大眾說明之後，寺中一切行事，皆遵佛制，是法必行。」

三日後，達照法師辭去當家之職，頓悟法師發心擔任監院，香雪法師則去常州天寧寺講經，諸位同戒者亦各奔前程，舊任各堂的執事也十之八九離去，其中有些是不能如律躬行者，或是不能與眾淡薄者，或是不能出坡任勞者，大師一概不挽留。所幸，尚有一百餘位志同道合者，發心共同持守戒律。

由於大師的堅持，而且凡事以身作則，致力於十款僧約的推動，改革當時佛門的弊病。在大師的力挽狂瀾下，寶華山逐漸步向正軌，為佛門注入一股清風，受到各方的推崇，成為當時叢林的楷模。

依律傳戒、以智解怨

十月中，有三十餘位僧人來寶華山求戒，以江蘇省鹽城縣龍沙為首。大師依律制先唱方結界；蓋因結界不成就，羯磨法就無依憑之處，所以一定要結界，先結戒場，再結大界。然後每三人一壇，依次分批入壇受具足戒。

達照法師及諸位道友雖當面未予以評論，私下在僧眾中卻議論紛紛。他們認為，大師既受老和尚的咐囑，繼主寶華山的法席，理應遵照老和尚的傳戒儀軌——原以九人一壇受比丘戒，不宜擅改儀軌；昔日未曾見過唱方結界和三人一壇的傳戒儀式，實有違先例。便因此指責大師膽大妄為，不孝先師之罪。

大師聽到這些議論後，當作未聽見，不予以理會。大師理解，他們因不諳熟戒律，未研讀廣律，因而有這樣的看法。

某日，達照法師至方丈室閒聊，大師勸言：「達照師父若閒暇時，不妨將這些律藏請回閱讀一下，可以消磨時間。」達照法師閱讀完律藏後，便知道大師所行之事皆遵循律藏，傳戒儀式更是如法如律，而非私自擅改儀軌。他發自內心由衷敬佩大師的魄力及才識，願意盡心盡力輔助大師弘戒；昔日諸多議論，亦自然不禁而止息。

劉頓修當太監時，曾經交給孫頓悟四百兩銀子，請其代為購置一些田產，以便養老；但孫頓悟存心不實，以貴價購買薄田，而且畝數不足，所收的租糧多有賠欠。頓修知道事情的真相後，便懷恨在心，身藏利斧，準備伺機砍死頓悟。眼看即將發生惡事，大家都感到驚慌恐怖。

達照法師知情後，將此事告訴大師。大師聞訊後，云：「一旦禍起蕭牆，常住便會敗壞。幸好昔日為老和尚修塔的銀兩尚有餘款，就為他們兩人解怨，購買頓修的薄田，作為供塔香火之用。」

大師以智慧和慈悲化干戈為玉帛，頓修亦主動減價一百銀兩，這樁惡事便圓滿平息，常住因而相安無事。

土賊騷擾、官兵搜查

順治三年（西元一六四六年），大師四十五歲。春天，屯兵於寶華山的清軍，放任馬吃麥，鄉民竟將軍馬沒收牽走。清軍首領巴將軍下令兵士把鄉民抓去，以叛逆抗清罪論處，鄉民大半被殺害，其妻子和田產一律沒收入官；漏網之人則棄家外逃，有家歸不得，分散四野。此時，有人出來領頭，把逃跑在外者招聚成群，藉口為起義，實是欺壓其他善良百姓。達照法師擔憂寶華山的局勢不利，便帶領其法眷離寺。

明末，佛寺每年的安居及自恣已廢弛多年。大師研讀廣律後，知曉依據佛教的律制，僧眾應當結夏安居。

有關結夏安居的起源，追溯至佛陀時代。當時印度的夏季雨季長達三個月，僧眾或在山間禪定，或在樹下經行，衣缽常為雨水所流失；而且，在夏季期間，地上的蟲蟻常出來爬行覓食；僧眾沿路乞食時，不免踩傷地面上的蟲類及草樹新芽。因此，佛陀基於慈悲，並避免居士們的譏嫌，於是制定夏季三個月期間，僧人在界內精進用功。

結夏的時期，分前中後三期。若自農曆四月十六日至七月十五日三個月為前安居；自農曆五月十六日者至八月十五日三個月為後安居；始於其中間者，為中安居，其日數則為九十天；若遇到閏月，則超過九十天。僧眾於結夏安居期間，除非是為父母、師長或三寶事，不得出界外，全心致力於修行，所謂「三月結夏，九旬安居」。

結夏安居之圓滿日（以前安居為例，即七月十五日），僧人行「自恣」法；亦即請大眾僧就見、聞、疑三事，恣舉自己所犯之罪，並對著其他比丘（尼）作懺悔，懺悔清淨，自生喜悅，故稱為「自恣」。此日稱為僧自恣日或僧受歲日；因十方諸佛歡喜佛弟子們安居精進修行圓滿，故此日亦稱為「佛歡喜日」。根據《盂蘭盆經》記載，目犍連尊者曾於此日備百味飯食、五果、香、油等，供養十方眾僧，以此廣大功德，救拔其母脫離餓鬼道。因此，後世佛弟子於僧自恣日，以飯食等供養十方眾僧，以此廣大的功德，得令七世父母等皆得解脫，此即盂蘭盆會之濫觴。

由於大師凡事遵從佛制，現在適逢夏季，依律制當行安居。因此，身為一寺之主，便召集寺僧，宣布實行結夏安居，依法於四月十六日開始前安居。寺中的比丘有一百六十五位，沙彌八人，共一百七十三人，大眾都嚴遵佛教律制，依法進行安居，精進辦道倍於平常。

五月二十日，天尚未破曉，土賊的首領張秀峰，便帶領一百餘人至山門外；山門一開時，他們便蜂擁而進。張秀峰對大師說：「這寺院的房舍很多，廚灶也大，我們想借住幾天。」

大師回答：「寺裡的房灶原是可用，但有二事不便。一者，你們向鄉民索取餉銀，若鄉民不給，你們必定會捉人吊打拷問；寺院乃清淨修行之地，如此實在不適宜；況且，寺僧若是目睹此狀，徒增困擾。二者，你們一百餘人借住寺院，與寺僧同鍋吃飯，目標很明顯；若被官府察知，則寺院必遭殃。據說，妙峰大師當初修建此寺時，都是附近的鄉親歡喜施工，搬運銅殿的磚瓦木石等，其中也有諸位父祖的功德；今日若是因諸位而致寺院毀壞，等於各位自毀自家的福田。寶華山方圓百里，可棲身之處甚多，請諸位另覓他處。」

張秀峰仍一再糾纏，大師再三曉以大義，並委婉拒絕。最終，張秀峰說：「且依和尚所言，我們先駐紮於寺外。」說完，便領眾人離寺。

不料，寺中一位僧人，名為克修，其兄是土賊的小賊首，克修私下經常出寺去探望兄長。當大師問他關於土賊的去向，他卻完全不回應，眾僧皆十分擔憂；克修卻肆無忌憚，仍為所欲為，照常探視其兄。

大師為了全寺的安危，故意對大眾說：「為了大局，保護常住，你們每人各拿一把柴，把克修燒死，以絕大患。」克修聽後，嚇得魂飛魄散，立即緊閉房門，不敢走出房門。克修的師父繼賢法師涕泗縱橫，跪在地上懇求大師寬恕克修，並保證克修會聽從大師的教誡。大師令其喚克修至方丈室，嚴厲訓誡克修說：「明天中午常住設齋，你去請土賊為首的十人來寺，不准增減人數；若能依此，便免除你的死罪；若是進寺超過十人，或是不來寺，則難逃被焚。」克修只能答應。

晚上，大師召集寺僧議事，說：「明天中午，常住設齋請十位土賊首。當他們來寺時，寺裡的眾僧排成左右兩列，年輕體壯者在前面，年長者在後。大眾莫驚慌，勿出聲。我若不說離去，你們都站著不動；我若說離去，只留二十人，每席二人照應，其餘的人一齊退下。其餘的事由我來處理。」

次日中午，十名土賊首依約至寺，一百餘位的僧眾排成兩列。大師說：「今日諸位聚眾舉事，皆因妻兒眷屬被擄，家產田地入官；大家都是明朝的子民，豈能坐視清軍的蹂躪！我深知你們都是不得已而為之，甚能理解你們的苦處。」他們聽後，不禁感傷落淚，回應：「感謝和尚能體恤我們的苦處。」

接著，大師用手大拍桌子一聲，說道：「今日請大家來用齋，是希望大家也能體恤常住的苦處！寶華山是祖師道場，隆昌寺是梁武帝敕建的寺院，又有明神宗皇帝欽頒的《龍藏經》。如今你們駐紮於寺院周圍，令僧眾不能安心修行，難道你們忍心把這座千年的古剎毀壞嗎？難道這也是不得已而為之嗎？」他們聽大師如此說後，皆嚇得變了臉色，連聲應道：「請和尚寬恕，我們知道理虧，亦知曉眾僧中有文武兼全的人，請和尚別動怒。明日一早，我們便起營，遠離隆昌寺。」

大師對他們曉以大義，又以軟語安慰；用完齋飯，他們向大師辭別而去。他們信守承諾，於五更時分，便起營遷移他處。

為了防止天亮後官兵突然來搜山，大師急忙下令各位管事打著燈籠，仔細巡視寺院附近各處；若有燒飯留下的灰燼，全部掃除乾淨，用樹葉覆蓋好；如有禽畜的毛骨，仔細收拾好，扔至深澗裡，盡可能不留下任何痕跡。

大師料事如神，次日天色未亮時，鎮江馬都統已率兵至山上，他騎著馬直入寺內，並說：「經官府查明後，得知土賊在此地住了八日。你們為何容留他們住下而不報官呢？」

大師回覆：「倘若他們在此滯留多日，則必有燒飯的灰燼，以及屠殺禽畜後吃剩的毛羽殘骨；請將軍派人四處細看，便可知曉。」於是，將軍便差人到四周巡查，之後回覆未見任何的形跡。因此，馬都統供養寺院五兩銀子後，便率兵離去。

關於官兵來過隆昌寺的消息傳了出去，許多檀越護法擔心會遭受池魚之殃，都不敢上山。如此一來，隆昌寺也就斷了糧源，每日只能靠稀粥度日，數日沒有油鹽。

由於官兵搜山未獲，土賊聞訊後，又開始出沒於寶華山四周，導致寺內的僧眾不僅衣食不濟，而且心神不寧。

大師對眾僧說：「現在正值安居期間，大家切莫擔憂；我們精勤持戒修行，必得龍天護法護佑。今後，凡是有官家兵馬或土賊至寺裡，全由我一人出面處理，不用煩勞大眾交涉。」大眾聽後，由衷敬佩和尚的膽識與智慧，心神也就安定下來，又繼續精勤修行。

六月初，土賊大批蜂擁而至寶華山，有的住在上園靜室，有的住在龍窩靜室，有的住在黃花洞靜室，有的住在煉性岩靜室，有的住在橋亭，有的住進廚房後面的靜室；這六處地方，皆屬於常住界內。他們或是寫字條，借用常住物品；或是倚仗賊勢，派人前來索取錢糧。每當土賊至寺裡，大師都獨自出面善巧應對，並加以拒絕。

這些土賊行蹤不定，聽聞官兵前來就迅速逃逸；知道官兵離去便又聚合起來。大師見如此情況，認為日後必成為大患；遂趁土賊逃逸至他處時，率眾將山中的靜室悉數拆除，以絕後患。

七月十五日，大師引領眾僧在方丈室中自恣，誠心懺悔。當時，願雲法師（註二）擔任西堂，心中頗有感觸，他作了一首〈安居解制詩〉云：

安居歲事久沉埋，我佛嚴規負冷灰；白首僧流無一臘，寶華律社喜重開。
受籌恰應南參數，坐草猶存西國裁；自恣已圓佳話在，波離絕學吼如雷。
（波離：即優波離，佛陀十大弟子之一，被譽為「持戒第一」。）

智勇雙全、保產護僧

八月初，局勢稍靜。大師把常住的事託監院頓悟法師照管，獨自在方丈室禮佛靜修。至十二日，大師開窗遠眺，見一中年人，上身穿著舊青衣，下方露出紅色的衣裳，在廊下徘徊，四處察看。大師立即下樓對頓悟法師說：「此人是官兵，刻意裝扮成俗人，至寺裡查探情況，切莫留他住寺。」頓悟法師便轉達給巡照，巡照則說：「出家人以慈悲為懷，此人貌似患難中人，留他過個中秋又何妨呢？」大師聞知後，立刻喚巡照上樓，並訶責他，令其速打發此人離寺。

不一會兒，只見一百餘名土賊，手持竹竿作兵器，圍站在房廊下。頓悟法師見狀，十分惶恐；因為他曾是太監，眾人皆知道他很有錢，他擔心土賊衝著他來索取餉銀，便煮飯款待，欲籠絡他們。大師一聞訊後，立即下樓，但土賊都已坐在齋堂裡，碗筷也已擺設好，看來難以阻止。大師便向頓悟法師說：「這座千年古剎，以及寺眾一百餘人的性命，就要毀在你這一餐飯上。」

那個露紅衣的人，則微笑離寺。未久，果然清廷的巴將軍、㕑將軍、及陳巡撫，一同領兵出城，圍剿土賊，紮營於東謝山頂。此時，大眾方知那位露紅衣微笑離寺者，正是官兵派來的探子。

十三日半夜，清兵一百多名騎兵上山，把隆昌寺團團圍住；寺眾十分慌亂，無路可逃。天明時，大師對頓悟法師說：「我是方丈，你是監院，如今有事，我們二人要共同承當。如果清兵進入寺裡，常住可能全數被擄，會連累大眾，不如我們先去處理。」於是，二人去開寺門。

領兵軍官問：「你們是誰？」大師回答：「我是方丈，他是監院。」軍官很高興大師二人親來，三人一起至山門同坐。軍官問：「寺內有多少僧眾？」大師回答：「老少共有九十四人。」軍官又說：「現在把他們召集於大殿前，若有隱匿不出者，必是土賊。」此外，在寺內負責整修的木瓦匠和雕塑匠，頓悟法師也把他們集合於大殿前。

此時，清兵帶來一名被捆綁的土賊，令其一一指認同夥。由於這名土賊被捆綁了一天，驚慌失措，口不能言，只是胡亂點頭；如此一來，十六名工匠被誣為土賊，立刻被繩索勒住頸部，雙手反捆，先行押解而去；尚餘六名工匠，也被用繩索套在頸上，一起押去軍營。

軍官見到寺內有混雜俗人，擔心尚有隱匿者，便令一名士兵守住大門，不得隨意進出，又派兩名軍官帶領四位士兵，令大師與頓悟法師帶路，進入寺內搜查。凡是上鎖的寮房，便用手戳破窗紙，向裡面窺視。為了不讓他們產生疑心，大師用手把鎖扭斷，打開寮房，讓他們查看，只見到桌上全是經書，以及一張床榻而已。連開數房，皆是如此，他們才相信沒有藏匿土賊。尚有一些上鎖的房間，軍官令大師不用再扭鎖開門檢查。

走出寮房，軍官對大師說：「有人舉報你們寺中隱藏土賊，巴將軍一聲令下，命我將寺眾全數押解至兵營，老少皆不得留於寺中。」於是，軍官自己押著大師走在前面，並下令其餘軍官及士兵押解全寺寺僧緊跟在後面。

大師心想，軍官押著自己先行，此時寺內無人守護，士兵也無軍官統領；若是後面的士兵進入寺內，常住之物必被搶劫一空。因此，大師對軍官說：「出陣時，軍官都先行統率眾兵；凱旋時，則鎮後而行。如今，我是僧首，你是軍官，應是令士兵押眾僧前行，你我殿後而行；這樣一來，僧眾少不了，兵也不會亂。」軍官笑著說：「好的，就依照你說的來做。」

清兵押解隆昌寺的僧眾及工匠行走二十里，抵達東謝山頂，進入大營，看見很多土賊被裸身捆綁，周圍有一千餘名鄉民呼天搶地、放聲大哭。另有一位士兵拿著一面旗，引領大師他們蹲坐在一處，先將被冤屈為土賊的十六人押解上去，一會兒又押下去。此時，有一名士兵說：「各位長老要說實話，否則就像這十六人的下場。」說完，只聽見響聲，十六人全都被殺，其血濺染了僧衣，其餘六人則獲免死罪。

大師對眾僧說：「大家切莫慌張，各自一心念佛。若是多生以來的定業，今日也得償還宿業；若不在此劫數之中，自然會解脫。平日的修行，現在正好派上用場。」眾人聽從大師所言，皆喃喃念佛。

這時，陳縣尹從臺上走下來，單把頓悟押上去，審問並嚴刑拷打；頓悟供說大師是方丈，寺裡諸事全由方丈作主。將軍差兵喚大師上去；大師心想，生死不過如水上的漚泡，極易壞滅，即使大難臨頭，亦不能失去僧人的威儀，便緩步直上。至臺上，左右列兵手執出鞘之刀，一齊嚇喊，令大師跪下。大師正色說：「身著如來袈裟，佛制不聽拜俗。自古沙門不拜王者，我豈能跪地求生，而故意違律。」大師合掌躬身問訊，便立於一旁。

清兵統帥巴將軍指著大師笑了起來，並自摸頭，豎起大拇指，向廠將軍和陳巡撫嘰嘰喳喳說了一堆滿語。通事（即翻譯）對大師說：「巴將軍說，你的頭頂與他的頭頂一樣（隆起一塊），肯定是位好和尚，你不用跪。」

陳巡撫問大師：「土賊久住華山，你為何不通報，而擅自容隱呢？」大師回答：「寶華山雖高，頂上有行人來往的大路，既有通山大道，又如何能禁止土賊通行呢？如果土賊自前山往後山而行，前頭的人見狀，便以為土賊是住在寶華山；或者若土賊從後山往前山而行，後面人見了，就說土賊是住在寶華山，其實不過是途經寶華山。我若是通報，實際上並無賊可擒，反而有舉報不實之過；因此，並非我容隱不報。寶華山就在眼前，請將軍親自觀看便知悉。」

陳巡撫回首仰望，果然見有一條過山大路，便說：「這件事就不追究。但孫太監是明朝內官，他私養土賊，心懷叛逆，你必定知情，為何不通報呢？」大師回覆：「孫太監是崇禎十七年至隆昌寺出家，如今做監院不到半年；我只知他是捨官修行，至於他的存心好壞，這是密事，我怎麼會知道呢？」陳巡撫思忖著說：「這的確是密事，諒你也不知道，你可以下去了。」大師仍然像剛才一樣緩步而下。

臺上繼續拷打審問頓悟給土賊吃飯一事，頓悟又把克修牽扯出來，兩人互相推諉不承認。克修雙腳也被夾刑鞭打，忍痛不過，又供說大師是方丈，諸事全由方丈作主。臺上又派人押大師上去，大師對僧眾說：「我此去恐怕不能再回，你們各自正心念佛，不要因我的事而驚嚇。」就像前次一樣，大師從容上臺，合掌鞠躬，站立一旁。

陳巡撫問道：「八月十二日，你的寺裡供土賊吃冬瓜飯，我派人在寺裡探知消息，你為何隱瞞？」大師見陳巡撫已知情報，又看到克修雙足被夾棍挾住，頓悟則被捆跪在一旁，便訶罵他們說：「十二日，明明有百餘人來寺裡吃冬瓜飯，為何隱瞞不承認呢？勞煩三位將軍再三審問，你們自己也受了皮肉之苦。」陳巡撫笑著說：「你果然是好人，就由你誠實說吧！」

大師說：「大人是問歷年以來吃飯的情況，或是單問十二日吃飯的狀況呢？」陳巡撫問道：「何謂歷年吃飯的情況？」大師說：「隆昌寺周圍百餘里的鄉村，總名寶華山。寺中僧人眾多，每年夏秋二次莊稼收割時，寺僧會去各鄉村募化穀麥，所以村民都是隆昌寺的檀越。凡是村民至寺裡，無論人數多寡，我們都會以茶飯款待；如果不善加招待，得罪了村民，則下次便募化不到糧食。自妙峰大師建銅殿以來，每年都是如此，何止是今年八月十二日那一餐飯。那天，他們至寺裡，又未帶弓箭兵器，寺僧怎麼能知道誰是土賊、誰非土賊，便都以齋飯款待。」

陳巡撫聽後，用滿語轉述給巴、廒二將軍。通事對大師說：「三位大人說你是直爽人，不說虛假話，吃飯之事不再追究，你可以下去了。」

臺上又審問頓悟有關常住所有的財物；頓悟害怕再受刑，便把寺院所有的田產山場悉數報告。問及銀兩，頓悟供出銀錢和庫房為佛輝所掌管，自己不知道。臺上又差人把佛輝喚去審問，佛輝回答：「庫房只有銀三十六兩，錢八、九千。」三位大人都不信，大怒，便捆打佛輝；佛輝不敢再回答，只好說方丈都知道。縣尹便又下來喚大師上臺。

巴、廒二將軍見大師往來數次，仍面不改色，不失威儀，便對通事說了幾句活，通事轉達給大師云：「二位將軍說你不用害怕，坐下來好好說。」陳巡撫問道：「寶華山寺大僧多，日常開銷應該不少，為什麼虛報只有銀三十六兩？」大師說：「庫頭心存恐懼，因而說不清楚。」陳巡撫又問大師：「庫銀實際有多少？」大師說：「我的本師三昧老和尚，持戒弘律，利生因緣廣大，王侯宰官皈依者甚多，銀兩供養極多。老和尚為人淡泊名利，不蓄分文，處處修寺造佛像，近年又大規模改建寶華山，銀錢所剩無幾。去年閏六月老和尚圓寂後，我等弟子福德微薄，錢糧日益稀少，各地慕名而來的僧眾卻日益增多，常住更為缺用。無奈，只得將寺中一匹青馬賣給南京織造府的車公，得銀五十八兩；近日開銷用去二十二兩，所以只剩三十六兩銀。大人若不信，可差人至南京問車公，便知虛實。」

巴、廒、陳三位大人相互交談後，又都點頭。通事對大師說：「三位大人說你沒有說假話，不必去問車公。」隨即，令士兵把佛輝的捆繩鬆解開。接著，又差人把玄文和繼玄喚上臺。陳巡撫對二人說：「經查，你們兩人和克修都是本地人出家，亦是寶華山的房頭，都須綁起來。」陳巡撫對大師說：「他們四人之事，與你無干，你下去。」大師不敢回頭看，便緩步走下來，與眾僧坐在一起。

到了正午，烈日當空高照，又無樹木遮蔭，眾人久坐在那裡，滴水未進，飢腸轆轆，人人都汗流浹背，難耐暑熱及飢渴交迫。突然，天空中飄來一片烏雲遮在頂上，猶如一把大傘蓋，四方還放射出日光。

天色漸漸暗去，有位手執旗的士兵，大聲說：「各位師父，請隨我來。」大眾以為要去受刑，臉色都變得沉重。此時，兵營中有位好心人，合掌高興地說：「各位師父，你們得救了！先前掛的是黑旗，你們是必死無疑；但現在改成綠旗，你們不用恐懼，可以放心了。」眾僧抬頭一看，果然是綠旗，大家終於可以安心。

執旗的士兵，引領大師及眾僧至一座山坡處，大家席地而坐。有數十名士兵看守，其中一位士兵說：「今日若不是這位方丈師父臨危不亂，往來數次把事情訴說清楚，並且與三位大人有緣的話，你們全都不能活命。」有一個士兵走近大師說：「您勞累了一日，現在歇息一會兒吧！」言畢，便把腰間的弓囊解下給大師充當枕頭用。大師說：「這是殺器，持戒者不用。」另有一個士兵說：「您餓了吧！」隨即把隨身攜帶的一塊大餅呈給大師。大師接過餅子，分掰成小塊，分給每人一塊。士兵見狀說：「只有一個大餅，您自已吃就好，不要分了。」大師回答：「我們共住在一起修行，飢則同飢，食則同食，何況今天身處患難之中，怎能不均分？」眾士兵聽後，均讚歎不已。他們商量：「咱們明天一早至前村去做飯，再送過來。」

到了半夜，眾人口渴難耐，隱約看到山坡下有一小水池，大家都跑去喝池水，覺得味道既甘甜又涼爽。等到天明一看，原來是牛群臥成的水塘，其水色澤混濁，汙穢不堪，令人發嘔。

太陽升起後，一個士兵請大師至營帳裡。陳巡撫對大師說：「你是真正的修行人，可以繼續住持寶華山，帶領眾僧回山吧！」大師說：「現在我不願再住寶華山。」陳巡撫便對眾僧說：「如今你們的方丈既然不願再當住持，你們可以在眾僧之中，另外推舉一位德行好的人來擔任住持。」眾人齊聲回答道：「只有見月方丈才能住持寶華山，其他無人能勝任住持。」

陳巡撫笑著問大師：「我認為你適合擔任住持，眾人也推舉你為住持。你以前願意當住持，現在為何不願意當住持呢？」

大師回答：「以前擔任住持，是因為先師圓寂，靈塔尚未完工；若因土賊作亂，便拋下寺院而去，各方法友必會指責我不孝，因而未離寺。而今日不願住寺，則是因為寺裡近一百名的僧人蒙冤被屈捉至軍營，幸虧三位大人明察秋毫而免於被殺害，可謂是再生之人。如今寶華山已成災難之區，倘若土賊依然過山往來，有人又舉報本寺藏匿土賊，寺僧豈非又要坐以待斃？所以我不願再住寶華山。縱然靈塔未完成，各方法友知此情況，也不會指責我不孝之過。」

陳巡撫說：「你不必顧慮以後之事而再三推辭。巴、廒二位將軍與我都會成為貴寺的護法，寶華山就是本朝的香火，此後再也不會有兵馬之禍。日後如果有兵馬或是閒雜人士至寺裡侵害滋事，你只須差人送一字帖來報，我便派人將之捉來斬首示眾。明日我便給你一張告示，張貼於寺裡，相信無人敢至寺中干擾。」

大師又說：「今日我奉命住持寶華山，但寺院貧乏。昨日孫太監把常住所有的田地山場全部報給官府沒收了；但這些是寺產，並非是他的私產，懇乞把它們還給常住。」陳巡撫很爽快地答應，把寺產都歸還隆昌寺。大師致謝後，便帶領眾僧返回隆昌寺。

大師一回到寺中，立即至大殿拜佛，不禁悲從中來，匍匐在地，淚流不止；何其有幸，得以再瞻仰佛陀的金容！

寶華山下嚴巷村的陳道人是皈依弟子，他聽聞十三日中夜清兵圍寺，並把僧人全部捉至軍營，甚感焦慮。十五日欲上山探視，他兒子和侄兒都勸他別去：「現在軍營還在東謝山頂，山野都是死屍，路上已無行人，千萬不要現在就上隆昌寺。」陳道人回應：「弟子知師有難，豈能坐視不管。」於是，他不顧自身安危，執意上山，中午便至寺裡。見到寺僧平安返寺，問了因由；大師敘說事情的經過，他才安心並歡喜地下山返家。

另一邊，香雪法師在鎮江上方寺起期傳戒，寶華山純之師兄弟二人到鎮江購買香燭，欲至上方寺投宿，見謁香雪法師。香雪法師對他們說：「寶華山日前出事，你們不要連累我的期場，可以到別處掛單。」純之師兄弟只得含淚而出，投宿別寺。十八日回到隆昌寺，向眾僧述說此事；大家聽後，都慨嘆不已。

大師感慨說：「寶華山是老和尚的靈塔所在地，香雪法師聽說寶華山有難，非但不聞不問，見到生還者也不憐不留。唉！我們的香雪闍黎師是何心腸？陳道人又是如何重情意呢？」

半個月後的某日，有一位身穿軍服的壯漢至隆昌寺；寺僧已是驚弓之鳥，見到士兵都十分驚怕。大師走向前，和氣地問他來寺的因由。他說：「我是陳巡撫派來取馬的。」大師說：「寺裡確實有一匹好馬，你可以騎去。」他聞言，非常高興。

大師問道：「馬可以交給你，但可有憑據？」他從腰間取出一個小帖子給大師。大師見其上並非用硃筆、而是用紅土書寫，知道其中必有詐，便大聲呵斥說：「你是何處的土賊，竟敢來寺裡詐騙馬匹！你難道未聽說巴、廒、陳三位大人是寶華山的護法嗎？把他抓住，送官嚴辦！」

壯漢立即噗咚一聲跪下，叩頭求饒：「我原本不肯來，是我們的頭領張昆命令我來的。」言畢，放聲大哭不已。忽然，天空下起大雨，大師心生悲憫，說：「今天就放了你，以後如再犯，必定不饒恕。送給你一雙草鞋及一把傘，快速離去。」

壯漢脫了皮靴，穿上草鞋，冒著雨飛快離寺。此後，土賊不再上寶華山干擾僧眾清修。

大師初任方丈，大刀闊斧進行改革，制定的寺規既符合佛陀制戒本懷，又能契合大眾的根性；不僅將戒律的「六和敬」原則融入寺規中，並運用「隨方毘尼」的原則，以及繼承道宣律祖以《四分律》為中心、亦融通他部律藏的思想，來持守戒律，並弘揚戒律。因此，頗得世人讚譽，並尊稱其為「千華律虎」、「南山道宣律師再世」。

大師以身作則，將佛法體現於日常生活，並引領寶華山僧俗四眾弟子修行。依據律藏，恢復廢弛已久的律制，歷經一番艱辛的整頓，終於使寶華山隆昌寺的宗風，馳名於全國，獲「天下第一戒壇」之美譽。當時佛門的耆宿，莫不讚歎大師的遠見與膽識。

面對一連串的內憂外患，大師仍秉持嚴守佛制，依律而行，持戒弘律，並且運用睿智、慈悲與勇氣，面對問題及解決所有的困境。此種百折不撓的精神，實為後人所尊崇與景仰。

【註釋】

註一：願雲法師，俗名王瀚，字元達，太倉人。少與陸桴亭、陳確菴、吳梅村為友，故各家詩集，皆有與願雲和尚詩。雖入空門，仍悲憤激烈，他曾檄討從賊諸臣，云：「春夜宴梨園，不思凝碧池頭之泣；端陽觀競渡，誰弔汨羅江上之魂。」聞之者俱為之扼腕。

崇禎甲申國變後，他哭別文廟，棄諸生為僧，由三昧老和尚接他至寶華山出家，法號晦山，名戒顯，字願雲。受具足戒後，參禪宗臨濟具德弘禮（西元一六〇〇至一六六七年），於其門下得傳法印，為密雲悟三傳；願雲法師居板首位，協助具德和尚禪訓門人。

願雲法師得法印後，即卜隱廬山，訪諸廬山慧遠故址靈蹤。卜隱匡廬後，即受雲居道場請任住持。雲居之後，他駐錫真如禪寺、寒溪禪寺、安國禪寺、薦福禪寺、四祖正覺禪寺、護國禪寺、白雲禪寺等江西湖北諸道場。具德和尚圓寂後，由願雲法師繼席為杭州靈隱寺住持。除了住持道場外，願雲法師亦應邀至淨土蓮社，主持禪法。

第九章　重振寶華山

一切有相，皆歸於幻，由後思前，此猶一夢耳，故題為《一夢漫言》。

由於土賊不再上寶華山滋事，隆昌寺逐漸恢復昔日的平靜，散居各處的僧眾也陸續返回母寺；達照法師見寶華山的局勢穩定，亦帶領其弟子回寺。寶華山每年兩度傳戒，慕名而來受戒的戒子日益增多，隆昌寺也逐漸興盛，名聲遠播。

第三次離山

順治六年（西元一六四九年），大師四十八歲。二月間，達照法師的兩位徒弟——大師亦是他們的教授師，故意輕慢僧規；達照法師知情後，不加以訓誡，反而寬縱。

如同大師往昔的模式，面對師長的不合理，為了全寺的和諧，自己再次選擇退讓，於是大師便離寺，過江欲往北五臺靜修。行至滁州關山，遇到該寺的當家湛一法師，把大師留住在寺裡，乞求受戒。

願雲法師是由三昧老和尚披剃受戒的弟子，大師也是他的教授師，在寶華山學律。當他得知大師離寺的原由，便召集寺僧至祖師堂（即供奉三昧老和尚的殿堂），教誡責備眾法眷。願雲法師對達照法師說：「見月和尚是先師圓寂前當面囑託的繼任方丈，三年前又從死難之中保全叢林，對於寺僧有再生之德。按理，眾僧應當遵守僧規，聽從其教誨，好好依止修行；你們何以抗拒觸惱而不遵守寺規，自壞門庭呢！今日你們得罪見月方丈，就是得罪先師（三昧老和尚）。」

願雲法師親自書寫擯條（寺中開除犯重戒僧人的公告），把不法者驅逐出寺。之後，達照法師與離言大德一起至滁州關山，接大師返回寶華山。

大師回寺後，重新嚴整律規，並建造木結構的戒壇（註一），位於進入山門後的左側。戒壇堂高四丈，深三丈六尺，門額上有「佛制戒壇」四字，作為傳授具足戒之用。

每年春、冬兩季開戒，夏季安居，慕名而來受戒的戒子逾三千人，寺中儲備的糧食雖僅夠數日食用，但始終未曾斷過糧。當時，寶華山弘戒的盛況空前，聲譽遠播，蔚為佳話。

順治六年冬天，寧國府（今安徽省寧國縣）長生會的會主前來懇請大師至寧國府傳戒；大師答應，確切的時間則日後再議。

第四次離山

順治七年（西元一六五〇年），大師四十九歲。這年大師生日時，四方檀越大德都主動來山供養祝壽，各方寺院德高望重的耆宿亦親臨寶華山賀壽。

覓心法師原是三昧老和尚所披剃弟子，也是大師受具足戒的臨壇尊證師之一，欲爭寶華山方丈之位。大師聞知後，於四月十五日早晨，便鳴椎召集寺僧至方丈室，亦請覓心法師來。

大師向大眾說：「自古以來，都是恭請有德之人擔任方丈。我自覺德薄福淺，不堪再居方丈之位，主持寶華山。今日在眾人的面前，我把常住進出的錢糧結算清楚，交與覓心法師執掌。現有庫存米三百餘石，銀二百餘兩，錢九萬有零。」大師現取五萬二千錢發給大眾，庫房所積之油鹽果品等足夠一年之用。大師將寺產悉數交與覓心法師掌管，並向覓心法師施禮後，便移至東樓居住，不再過問寺裡的一切事務。

四月十六日，大師與眾僧作前安居，一切如律而行。十七日，大師向三昧老和尚的靈塔上香，禮拜辭別。律中規定，如遇難緣，可以聽許其人遷移至別處安居；大師對大眾說：「明日一早，我欲往寧國府長生會安居。」大眾紛紛表示欲隨大師移夏至寧國府長生會。

大師說：「寶華山是先老和尚改變寺廟的朝向而得以中興，又是先老和尚圓寂建塔之處，更是我們律宗的祖庭，我願意畢生永作灑掃的侍者，奈何如今因緣如此。現在我與大家共同商議，凡是願意代我看守祖庭和靈塔，決定留此苦修者，請站在我的左手邊，待我們後會有期再見。若是必定欲隨我至寧國府長生會安居者，則請站在我的右手邊。」

眾人聽後，便分立兩邊。其中欲隨大師移夏至寧國府長生會者，占大多數，計有一百二十餘人。

十八日天明時，副寺（副當家）履中法師至大師的寮房，拿出三十兩銀子給大師，當作路費，大師笑而不收。履中法師說：「這是信眾供養和尚（指大師）的香儀，並非供養僧眾的。」大師說：「前日我已俱交出，何須分別香儀或是供眾呢？」

吃完早餐，大師一行人便下山。他們行至老蓬橋，恰巧遇見張道人，邀請大師他們用齋，並僱船送大師他們。晚上則投宿在下關的二忠祠，當家師恰好是大師的戒弟子，挽留大師一行人住了三天，有不少善信弟子來皈依，送米共四十餘石，香儀共計一百兩，於是僱船逆流而上。

船速較慢，近四月底，大師一行人才到寧國府。主人熱情款待，彼此很投契。

五月初，有兩、三名弟子從寶華山來此。據他們敘述，大師下山以後，句容縣令得知覓心法師爭居寶華山的方丈，大師退讓方丈之位並離山，便派人將覓心法師喚至龍潭下院並加以訶斥，限他半月內將大師請回山。

寶華山的護法陳旻昭進山禮佛，聞知大師退位離山的訊息後，痛哭失聲，對大眾說：「山中和尚離去，叢林頓現衰敗，究其禍根，不止是覓心法師一人，尚有其眷屬挑唆生事，按理必須送至官府嚴辦，現在姑且寬恕你們。我既然身為寶華山多年的護法，不能坐視不管。護法必先護持僧寶，我將擇期至宣城（今安徽省宣州市）親自禮請和尚回山。」

七月二十一日，陳旻昭護法親赴宣城，向大師敘說進山及來此迎請的經過。大師深被其護持正法之誠意所感動，自覺慚愧。二十四日早上，大師令大眾上船回山，大師和陳旻昭則走陸路返山。二十九日，行至江寧，會見覺浪和尚（註二）。次日，覺浪和尚及陳旻昭等諸位護法，一同護送大師進寶華山。

行至范家場，天色已暗；村民聞知大師回山，大家高興地競相迎接，手執火炬一路隨送，光耀猶如白晝。覺浪和尚大笑說：「真是奇觀！真是奇觀！」又對諸護法說：「見公住山，感化影響竟如此！實是法道大興之好兆頭啊！」

翌日，大師召集原留在山上的各堂執事，商議設齋酬謝眾護法。大師問起常住現存之物，監院若見法師回覆：「寺裡銀錢俱無，庫房全空，僅存數石米。」大師嘆息說：「我離山尚未四個月，常住財物為何致此地步？」若見法師回答：「和尚離寺後，寺裡已不像律堂，寺僧欲各奔他方。覓心法師每日豐食厚供，又乏供養，所存的財物日益銳減；就像用有限的死水，缺少活泉，因而導致如此的現況。我雖身為監院，但凡事皆不能作主。」

眾人聽後，都皺起眉頭，心裡很難過。大師說：「這次回寺，與上一次從軍營返回不一樣。大眾勿擔憂，一切隨緣。」

寶華山道風純正，持戒清淨，四方釋子前來求戒者日益增多。大師對眾僧說：「山中淡泊清苦，若是添人吃飯，只能多添水，無米可添加；若是不能受此苦者，請另覓別處去。」眾僧都願意留在山上，跟隨大師學律，清淨持戒，淡泊度日。

高僧讚譽

明末四大師之一的蕅益大師（西元一五九九至一六五五年），一生中曾閱讀律藏三遍。他在二十七歲時，第一次閱讀律藏後，便節錄了《出事義要略》一書，並以復興戒律為其畢生的志業。那年夏天，蕅益大師與二、三位法友一起結夏。之後，又成立「毗尼社」，致力於五比丘如法如律共住，便可以如法傳戒，住持正法；但終其一生，此願難成。

當蕅益大師聞知大師遵從佛制，弘揚戒律以及革除佛門的弊端，深感欣慰。蕅益大師在晚年完成《重治毗尼事義集要》後，曾致書信給大師，在〈與見月律主〉文中說道：

> 律學之訛，將及千載。義淨、懷素二師既沒，能知開遮持犯、輕重緩急者，絕無其人。近世愍忠大慧律主，頗糾正小半，猶未復佛世芳規；旭又薄德少福，不足取信於人。竊寐永歎，涕淚交流，大廈將傾，決非一木所支。邇聞座下奮金剛志，秉智慧炬，革弊遵古；喜而不寐，冀獲良晤，盡獻片長，以益明聖。塵歸大地，水入滄溟；座下既得盡善盡美，旭亦無遺珠刖璞之憾矣。今夏細商《集要》一編，遂重治成稿，卷帙較舊不多，而刪繁補要，頗為精鍊，並聞之具眼者。

蕅益大師在信中讚譽見月律主，奮金剛志、秉智慧炬，遵從古來的律法，將時下的弊病根除，希望自己能與見月律主見面，並把自己所學的貢獻給見月律主，希望對見月律主有幫助，並使戒律回歸到該有的定位；如果這樣能讓見月律主的大作更加完美，自己也因此不會有遺珠之憾。今年（一六五〇年）夏天自已重新將《毗尼集要》仔細整理過一遍，並重新編撰成稿，內容跟之前相去不遠，但已刪除繁複的內容並補上重要的義理，令其更加精煉，但願讓具備法眼的善知識能看到。

此外，當時黃梅五祖寺的千仞行岡禪師（西元一六一三至一六六七年）聽聞大師不徇流俗人情，遵循佛制、整飭僧紀、革新叢林的弊端後，亦致書信給大師。其書信云：

古之君子，為立六合內事，尚一家非之不顧，乃至天下非之不顧，況圖出世大法，塵劫遠猷，豈可近囿一時耳口，曲徇流俗人情耶？然律學之訛，已經千載，革非矯弊，越急越難。邇來緇素，邪習成風；嚴擇則招怨之端，濫許則壞法之始。今叢林稱圓、稱頓、稱大乘者，遍滿城中，獨毗尼一宗，諸佛入道根本，邇來置諸高閣。慶逢和尚夙植慧心，精嚴律範，宏願均施，以寬成大，住持僧寶，以局表尊。愧弟株守祖翁舊址，毫無善狀可稱，進退維谷，其何以堪？靈源清禪師云：「易世俗末難，援時流尤苦。」心銘此語久矣！愁人莫向愁人說，說與愁人愁殺人。和尚自具金剛正眼，探律海深源，亦謂斯言同肝否？嚴冬猶寒，伏宜珍重！謹復。

千仞行岡禪師認為，毗尼（戒律）是佛門入道的根本，但長久以來卻被置諸高閣，導致邪習成風。慶幸的是，大師夙植慧心，具有金剛正眼，探究律海深源，精嚴持律，成為典範；宏願均施，以寬成大，住持僧寶。因此，對大師振興戒律由衷敬佩。

大師不辭辛勞嚴守佛門的戒律，弘戒傳戒，使寶華山隆昌寺的持戒清風，普傳國內各方，並深得當時高僧大德的認同與讚譽。對大師而言，佛門的支持無非是最大的鼓舞，支撐著大師力挽狂瀾，奮力豎起振興戒律的標竿。

順治八年（西元一六五一年），大師五十歲。從這一年開始，每逢冬夏兩季，內外大眾共聚一堂，七日七夜念佛不斷，中午仍只吃粥，過午不食，此規矩一直沿習下來。

四月十六日，大師與眾僧作前安居。七月十五日，安居圓滿，舉行自恣。然後依按經論，設盂蘭盆供，將方丈所有的財物普施大眾，以報答父母的深恩；並將此立為恆規，每年如期舉辦盂蘭盆報恩法會。

周濟村民

順治九年（西元一六五二年），大師五十一歲。江南遭遇蝗蟲和乾旱之災，寸草不生，百姓飽受饑饉之苦。寶華山附近的村民都上山來求食，並非全是乞丐，其中也有一些有田產的地主；村民紛至沓來，往往一、兩百人。大師徵得寺僧的同意，減少寺裡僧眾的飲食來周濟村民，共度難關。

一日中午，寺裡湧進的村民比平常多了幾倍，殿堂庭廊之內，擠滿了人。大師適時向他們開示，說道：「今因災荒大家不得已上山，每個人應該細思往昔之因，大多因為前世不信三寶，慳貪財物、不肯惠施貧苦之人，所以才招致今日之果報。今日我向眾僧籌化，布施給你們每人三文錢，你們每位也要親自布施我一文錢。你們各位都要念佛，雙手捧接與供奉，為你們自己供養僧眾，培植清淨福田，將來大家都可以脫離貧窮之苦。」

大師這樣慈悲善巧地教化他們，藉由供養僧眾培福，來生可以脫離貧窮之苦；藉由念佛求生極樂世界，將來則可以脫離輪迴之苦。村民聽後，莫不歡喜念佛供僧，一時念佛聲震響如雷。大師隨即命僧人把庫房所存之米全都煮成飯，讓大家隨量飽餐之後，各自念佛而去。

只是，如此一來，常住便無隔宿之糧。翌日早上，寺裡只能燒一鍋白開水過堂，作為眾僧的早餐。所幸，到了晚上，江寧的黃君輔居士上山，送來十石米供養僧眾。

教誡尼眾

順治十年（西元一六五三年），大師五十二歲。這年二月中旬，楚州漢陽府（今湖北省漢陽縣）的一位比丘尼心聞法師，年逾五十歲，立志持戒，帶領其徒弟九人乘船，不畏路途險遠，登上寶華山。

心聞法師師徒共十人至寺內，恭敬供養六十石米，二十兩銀，隨後便向大師乞求安居三個月；大師見其言辭懇切，便應允其請求。數日後，心聞法師設齋供眾，按理齋主須入堂禮拜眾僧，但他們師徒不肯如此做。

齋罷，大師召集眾僧，並喚心聞法師來。大師說：「你們發心遠道而來學戒，為何不進齋堂禮僧？依戒律規定，縱使年高百歲的比丘尼，也應禮拜初夏比丘（註三）；今日你們貢高我慢，對僧大不敬，不是真心學戒者。」

心聞法師回覆：「我在楚地，凡有高僧大德之處，我都會去設齋供眾；其方丈都以客禮相待，並未要求我禮拜。」大師說：「他們是貪圖利養，敗壞法門，見到有設齋供僧之尼，都敬如生母，欲得到更豐厚的供養；此乃獅子身上的蟲，非真善知識。寶華山雖然淡泊清苦，寧願絕糧斷餐，絕不敢違背律制貪圖利養。今日所設之齋，就算是常住自己所辦的齋食，費用由寺內支付，先前所施之銀兩，悉數退還給你，還有日前帶來的米放在下院，把它帶走。你們到別處去！」

心聞法師接過銀兩，帶領徒弟離寺，從後山而下，一行人歇宿在出水洞的靜室。

此時，有位弟子古潭法師至方丈室，對大師說：「心聞法師他們遠道來學戒，我們常住的庫房空虛，和尚何妨善巧接納他們；一者使他們不起退道心，二者大眾也會有半個月之糧食可用。」大師聞後，臉色一沉地說：「只要大眾肯真實修行，自然不會懸缽（指空缽餓肚子）。欲樹立法門典範，正應在清苦淡泊之際，律師執行戒律，豈能見利就違犯聖制？」古潭法師聞後，滿臉慚愧，行禮而退。

過了三天，心聞法師又帶領徒弟上山，師徒一起跪在方丈寺的門外。心聞法師涕泣說道：「我多年在楚地，實是自大慢僧，真是糊塗啊！懇乞和尚慈悲，聽容懺悔。以後所有的言教，謹遵和尚的教誨奉行。」寶華山的各執事也為他們向大師求情，大師終於接受他們的懺悔，令他們至鹿山莊結界安居，並派阿闍黎每半個月至鹿山莊給予教誡，為他們講解《本部毗尼》。

經歷此事，大師便發心撰輯《教誡比丘尼正範》一卷，廣於流通。

修持般舟三昧

會一法師是楚地人，久居禪門修學，後來上山依止大師學戒，並擔任後堂一職。八月初，寺裡把所有的藏經都搬出來曝晒，會一法師翻閱了《般舟三昧經》（註四）。次日，會一法師至方丈室，他對大師說：「昨日晒經時，弟子閱讀了《般舟三昧經》。此般舟三昧，是淨業要宗最難行持的。」大師說：「以前我在北五臺時，亦曾聽善知識提及，修般舟三昧，須不坐不臥，站行九十日。後來，我在寺裡，曾閱讀《南山道宣律祖行集》，宣祖一生修此法門；宣祖之後，鮮聞修行此法門者。只要能捨得一身，自然就能修此法門。」

言畢，大師便選定八月二十日起，至十一月二十一日止，謝絕寺裡一切事務，在方丈室效法道宣律祖的行誼，閉關虔修般舟三昧。

順治十二年（西元一六五五年），大師五十四歲。這年秋天，大師再次修般舟三昧。大師慶幸自己具有如此殊勝的因緣，再次植下淨因；但亦深感自己業障深重，並未獲得甚深的法益。

興建寺院

順治十四年（西元一六五七年），大師五十六歲。由於寺內諸事皆已遵照律制而行，頹靡之風有所革新，全寺的僧眾嚴持戒律，僧儀凜然，廣博地方權貴與四方檀越的護持，所謂「四方檀供不募而至，諸剎耆宿相愛而臨」。

在諸多因緣具足下，大師開始對寺院進行大規模的興建。首先重建莊主寮第二層，左廂樓上共計十八楹，上下設數榻，以便山中往來的賓客所居；左三楹樓上收藏諸經藏板等。大師不僅重視經典的整理，並加以刻印刊行，以俾利佛教經典的普及和推廣。

大師又在寶華山北龍潭鎮之蟠龍下，建定水菴，殿宇寮房共計十四楹，以供四方衲子掛單，可見大師對四方僧的照顧。

順治十七年（西元一六六〇年），大師五十九歲。在戒公池前，建留雲樓；此處竹深松密，即使是天氣晴朗時，也是氤氳靉靆，繚繞不散，此為寶華山的一大景觀。前有蓮花池，石額題曰蓮花域，為蔡屏周所題，乃寺之外山門。

康熙二年（西元一六六三年），大師六十二歲。大師依制結界，建立戒壇已逾十四年；由於擔心木製戒壇難以持久，倡建石戒壇，在銅殿下大雄寶殿之右。大師參照道宣律祖的《戒壇圖經》中所載之建壇儀規，親手繪製成戒壇圖，並親自主持規劃以及請能工巧匠營建戒壇。石戒壇之建造極為工麗，壇殿五楹，高四丈，深三丈六尺，前設照壁，兩旁翼以走廊，檐下有「佛制戒壇」匾額。壇宇牆壁俱各離立，不倚不連，以遵律範嚴密。

為了紀念此項工程，大師親撰〈敕建寶華山隆昌寺戒壇銘〉，詳細敘述建壇緣由及經過：大師畢生宗紹南山，振起頹風，立志復興戒律，至此大致已完成一半，希冀後賢而追跡。自三昧老和尚住持隆昌寺開始，寶華山以開壇傳戒為己任，每年春冬兩期傳戒，成為全國傳戒的中心，使出家受戒之儀軌善為保存，律法得以弘傳。

可惜此石戒壇毀於文化大革命中；後於一九八七年重建，並改為漢白玉石砌的戒壇。銘曰：

若稽戒壇由致，佛在舍衛國，住祇園中，時比丘樓至請佛立壇，為比丘授戒，佛聽於園外院東南置一戒壇，為僧受具。公所法敕，既頒十六國境，諸僧伽藍，遵奉隨建，斯乃發起之緣。自後登壇，僧法界三，一一如律，苟有乖違，則受者不得戒，臨壇人犯罪。……既承師命，委囑以宏傳，寧不躬行。而匡正始於國朝順治四年，歲次丁亥四月三日，與護鵝珍之嘉士，同守繫草之英賢，結界立壇，仿古更今。每逢夏季安居坐草，則迦絺慶賞，凡遘因緣，放戒登壇，入室盈籌，嚴訓五篇，不落三過，厥止作之模範。由是復興，於中懷之初志，今遂乎半。又於康熙二年，歲在癸卯三月十六日，鳴椎共議，擇院外東南閒處，解舊結新，界相無紊，石壇層級，上下分明。……壇建華峰，宗紹南山，振起頹風，冀後賢而追跡，略刊紀乎斯文。

同年，大師指示在戒壇照壁之前，建屏教所五楹；又在屏教所之前，建吉祥寮三楹。此外，因十方香客雲集，原建的莊主寮已不敷使用，因而又建莊主寮第二層，共計二十四楹；其中九楹為齋堂，左為藥寮，儲藥餌以備僧眾醫療之用。再左為行堂寮、雜貯寮，右為茶水寮，上為九如樓、雜務寮，後為廚房。如此一來，寺院各種設施逐漸完善。

康熙四年（西元一六六五年），大師六十四歲。在寶華山南麓走馬山左，建一葉庵，以供寺眾執事休養。庵中有大殿、韋馱殿、齋堂、廚房、左右廂房及寮房，共計四十楹。

康熙六年（西元一六六七年），大師六十六歲。在寶華山之西，建穿雲庵，庵內有殿宇、寮房，共計二十楹。

康熙八年（西元一六六九年），大師六十八歲。於龍岡幽處，面對南陽，建悅心軒，為四方釋子疾病養息之所。大師特撰〈建悅心軒記〉說明此事對叢林之意義：悅心軒是為了照顧老病之僧人而建，為革除叢林之流弊，開啟孝敬老僧、關照病僧之風氣，此為佛教僧侶的安養制度。記云：

> 古者創叢林，建法席，非徒虛設門庭也，亦必有道存焉！所謂育德士，養賢才，安老病，黜愚頑，以至經營設施，莫不皆有補於叢林也。邇來道風日散，情竇日開，往往以叢林為俗肆，攢單養少年之老，坐待死期，曾無贍病苦之心，睹若未見，以致愚聚賢遠，法道漸衰。智者見聞，寧弗悲歟！余忝主斯山三十餘載，律制芳規，奉身遵守，先人巨刹，勉力維新；但以山堂迫隘，

僧眾稠居，唯茲病寮，未經次第；且四方之眾，雲集山中，或頻年林下參詢，或一往恆依左右，肯綮惕勵，溽暑祁寒，有形之軀，不無疾苦。故於己酉春，於龍岡幽處，特構寮舍五楹，面對南陽，戶開生氣，食任宿煮，榻置溫涼，藥餌聊備，瞻待有人，凡諸應病所須，一切給與不禁。咸願居此山者，無分爾我，水乳六和，痛癢相關，彼此互照庶乎！淹蹇沈痾，棲心適意，依戒為親，無孤燈寥落之嗟！唯道是修，獲清涼自在之樂，故題之曰「悅心軒」。後之繼司山者，以嗣以續，勿廢勿侵，不墜先聲，自他俱利。倘違斯約，則律中之嚴制，叢林之規模，又安在哉！

康熙十年（西元一六七一年），大師七十歲。寶華山重修大雄寶殿，殿高五丈八尺，進深逾六丈，外設重軒，莊嚴宏偉。

康熙十二年（西元一六七三年），大師七十二歲。在留雲樓前，建環翠樓五楹，兩峰合抱，萬木環繞。南有一葉庵，北有龍潭定水庵，西有穿雲庵，富戶薛賓於南麓建鹿山庵。在留雲樓前，清代的書畫家笪重光題有「律宗第一山」

之匾額。大師特別撰寫〈環翠樓記〉，記曰：

本山坐向巽乾，穴結其中，龍形起伏，聳秀峰而環繞；虎勢蹲踞，鎮水口而衛護，林蒼翠蔭，徑曲清幽。始創廬於梁代寶公，敕建銅殿於明季，神廟毗尼，肇闡先師，迨余繼席，宏振赫赫，華山海內歸仰；雖云人傑地靈，風水不無培補。今於龍虎環交水口間，接構一樓以鎖之，俾水出無形，氣聚不散，故題之曰「環翠樓」。將為保叢席於永久，而豈例遊玩美觀也哉！樓之上中以供佛，左右僧居，須遴選精進修行者，一切飲食，聽板隨眾，或德臘尊長，或雨雪有礙，許令行人往取，仍同大眾無異，不礙於此。私置煙爨，久久別立門戶，恐負余初創因緣，所以誡之於前云。時康熙癸丑孟春上元日。

康熙十三年（西元一六七四年），大師七十三歲，重建大山門。山門乃寺院的門面，直接影響到寺院的莊嚴與否，因而大師費心修建。

康熙十五年（西元一六七六年），大師七十五歲，在大雄寶殿前，重修大悲樓。殿高四丈六尺，進深四丈二尺，外設重軒，與大雄寶殿前後呼應。

康熙十七年（西元一六七八年），大師七十七歲。二月，大師派寺僧上源法師等人至江寧府、句容縣等地，申請蠲免寶華山隆昌寺的各項差役，並獲上級核准蠲免寶華山隆昌寺各項差役。批文為「華山隆昌寺僧田地、山場，除正賦錢糧照數輸納外，其一切雜項差役，遵奉憲行，槩行蠲免，均無過錯。」同年十月九日立「寶華山隆昌寺蠲免雜差碑」，以垂永久。

寶華山道場經過大師的精心經營與擴建，本山的殿閣、僧堂及寮舍，皆金碧輝煌，極其莊嚴。

大師富有深謀遠慮，為了護法安僧，永保寶華山的經濟自足，將寺中平時墾植山林、農田和香資的盈餘，陸續購置田地及山場，作為常住的恆產，為寶華山奠定穩固的基業，成為中國東南地區首屈一指的巨剎；當時的隆昌寺有「三門巨麗，甲於東南」之美稱。寶華山之能於清代屹立近三百年，健全的寺院經濟制度，自然是不可或缺的重要因素。

除了大規模修建隆昌寺外，大師亦修復天隆寺古剎，擴大弘律的事業。此外，大師又開設慈應律院，從事慈善救濟事業，提供孤獨無助者棲息之處，為佛教之濟世助人創立典範。

大師認為，寺院所有大小規模的修建等，都是補足先師三昧老和尚把隆昌寺改向後所未能完成的工程，藉此報答老和尚恩賜得戒法乳之深恩。

康熙十三年（西元一六七四年），大師七十三歲。在眾弟子的請求下，追述自己行腳求戒之過程，以及數十年苦心鐵脊支撐寶華山的經歷，這些是離言阿闍黎以及長期隨侍大師的各大弟子所親眼目睹的事實。然而，一切有相，皆歸於幻，現在追憶以前之事，也只不過是一場夢而已，所以題名為《一夢漫言》，最後並加上一個偈子曰：

一夢南來數十秋，艱危歷盡事方休；
爾今問我南游跡，仍把夢中境界酬。

願雲法師與大師是同門師兄弟，他曾作詩讚揚大師為佛門的中流砥柱，力挽狂瀾，再樹律幢，其讚語可謂是大師一生改革叢林之縮影。如詩云：

昔年律學久荒涼，波旬蕩檢稱法王。
賴吾祖父整巨綱，金錫再振聲琅琅。
南山日月輝大唐，群生苦海獲浮囊。
泰山頹後痛滄桑，木叉搖搖孰主張？
吾師乘願振影堂，鐵鑄頭顱石作腸。
千拗不折此脊樑，精金萬煉成金剛。
千華大席踞繩床，講磨五部澄冰霜。
毗尼精持汰粃糠，羯磨久廢重舉揚。
聲流薄海偏梯航，北動幽都南越裳。
藺足萬里趨門牆，磨濯身心稟戒香。
鎚金琢玉爐鞲強，烹龍束象建高幢。
屏除魔外勢攙搶，毒辣門風比桂薑。
年登六十面雖蒼，般舟苦行骨昂藏。

佛法江河瀾正狂，得師砥柱正中央。
層樓復閣繞壇場，煌煌堂構響隆昌。
海涵地負冠遐荒，雞足鵝頭萬載光。
願師壽量同古皇，永為法海作堤防。

端坐圓寂

康熙十七年（西元一六七八年），大師七十七歲。這年歲末，大師示現微疾。

康熙十八年（西元一六七九年），正月既望，大師力疾起視，並將衣缽傳其徒德基法師，繼任法席，並囑咐大眾盡心協助德基法師，令寶華山長久弘傳律法，住持正法。又對大眾說：「勿進湯藥，七日後吾當行矣。」

大師於正月二十日端趺而化，世壽為七十八歲。大師荼毗時，見蓮花、佛相騰於火光中，獲五色舍利一升餘。建塔於貴人峰東麓，塔院十二楹。

本書依據弘一大師編錄的〈寶華山見月律師年譜摭要〉，大師世壽為七十八歲；另有《寶華山志》及《新續高僧傳》均作大師世壽為七十九歲，僧臘四十八。

御史李模撰寫〈見月大師塔銘〉紀念大師，其塔銘總結讚歎大師：

> 寶華第二代得見月大和尚繼承厥緒，作法儀軌皆本律制，南山行事再見。今日故不出戶庭，而聲教訖於四海。數十年來，七眾同欽，當代律虎大矣哉，洵末法之光明幢也。

方亨咸、尤侗各撰〈見月和尚傳〉，對大師極為推崇。此外，蔣超曾作〈見月和尚像贊〉，云：

> 滇南發跡，崛起隆昌，頭顱鐵鑄，性辣桂薑；三聚澄於汰玉，五部皎若冰霜。再演波離重光之日月，重振南山已墜之頹綱，實為狂流砥柱，末法金梁。二次般舟三昧，誰人行得！一手中興律社，事業非常。

雖是規矩嚴厲，卻也用圓體方；門庭高峻，聲播大唐。
千百載之下，瞻之仰之者，知為千華律虎，蓋代獅王。

虛雲老和尚編撰的《虛雲和尚法彙──文記．法系考正》中，除了介紹大師的生平，並作贊曰：

棄道奉釋，夢著袈裟。三學鼎立，代佛弘揚。
嚴淨毘尼，止作儀張。弘範三界，苦海慈航。

綜觀大師此生，自從駐錫於寶華山隆昌寺後，曾四次離山；究其主要的原因，或是因為寺僧不守清規或違背根本戒、師長又包庇不處罰，或是因為師長欲爭方丈之位。大師淡泊名利、持戒嚴謹，不願意以下犯上，更不樂意同流合汙，因此選擇退隱靜處修行；但為期都不長，便被請回山。

在大師英明領導下，隆昌寺逐漸步向正軌，寺僧依律而行，成為佛門叢林的楷模。在諸事完備下，大師自順治十四年至康熙十五年間，對寺院進行大規模的興建，遂完成莊嚴的殿閣、僧堂及寮舍等，使隆昌寺有「巨剎甲於東南」之美稱；大師做獅子吼，致力宣揚戒律，更被譽為「千華律虎」。

【註釋】

註一：戒壇是寺院用來舉行授戒儀式及說戒的壇場，原本是在戒場中特製稍高於地的土壇。早期戒場無建造房舍，僅於寺裡的空地結界標示即可；後來，為防風避雨之故，便以堂內受戒與露地結界受戒並行。

中國最早之戒壇，相傳為曹魏嘉平、正元年間，曇柯迦羅於洛陽所建。

唐朝時，道宣律師在長安郊外淨業寺亦曾建立戒壇，並撰有《戒壇圖經》一書，對戒壇之起源、名稱、形狀均有詳細記載。其後，義淨法師、一行法師、金剛智法師等人亦均有建立戒壇。此後，建立戒壇之風氣，盛行全國。

明朝，燕都西山戒臺寺知幻道孚律師（西元一四〇一至一四五六年），於正統年間建立戒臺，每年四月大開戒壇，僧眾受戒者甚多，後人尊其為明代戒臺寺第一代傳戒壇主。

但明朝中葉，封閉戒壇，受戒軌則廢弛；直至萬曆年間，古心如馨律師於南京說戒，其後又開壇授戒，復興明末的戒律。之後，其再傳弟子見月律師在寶華山建立木結構戒壇，大弘戒律。

註二：覺浪道盛（西元一五九二至一六五九年），俗姓張，福建柘浦人，明末著名禪宗高僧，號天界禪師。

依端嚴識和尚出家。初參博山元來，旋謁晦臺元鏡禪師。元鏡讚歎：「吾壽昌這枝慧燈屬子矣！」即付源流，承嗣曹洞宗三十三世。其弟子有方以智、倪嘉慶等人。

有濃厚三教合一思想，和方以智更將禪、淨不二之說導向儒、佛雙選。其著作收入《天界覺浪盛禪師全錄》。

註三：「八敬法」又名八敬戒、八尊師法、八不可越法、八不可過法等，簡稱為八敬法，乃佛陀規定比丘尼應須恭敬比丘的八件事。根據《四分律》中所記載八敬法的內容，如下：

一、百歲尼應禮初夏比丘足。

二、不罵比丘、不謗比丘。

三、比丘尼不得舉比丘過，比丘得舉比丘尼過。

四、比丘尼具足戒，須在二部僧中受。（謂先於尼僧中作本法，再求比丘僧為之授具足戒）

五、比丘尼犯僧殘罪，應在二部僧中懺除。

六、每半個月須求比丘教誡。

七、比丘尼不應在無比丘處夏安居。（為便利請教誡）

八、安居圓滿，應求比丘為比丘尼作見、聞、疑罪的三種自恣。

註四：《般舟三昧經》又名《十方現在佛悉在前立定經》，是由後漢月支三藏支婁迦讖於東漢靈帝光和二年（西元一七九年）譯出，全經三卷，共分十六品，內容是佛陀應賢護菩薩之請而說法。此經乃是現存大乘經典中最早的經典，也是淨土經典的先驅。其經題的意義為「現佛前立三昧經」，故簡稱為《現在三昧經》或《現在定經》。

此經介紹藉由經行與憶念他方佛的方式，在禪定中，可以親見十方佛，得到他方佛的教導；並以阿彌陀佛為十方佛的代表，透過憶念阿彌陀佛，可以見到無量佛。

此經的特色是與般若相結合。親見十方佛之後，反觀自心，了知所見的諸佛皆是自心之造作，諸佛（所觀境）無所從來，我（能觀者）亦無所至，諸法乃性空幻有。換言之，了解諸佛現前皆是自心幻化而成，實則本性空寂，便能進入般若智慧的空正見之中。

龍樹在《大智度論》、《十住毘婆沙論》中，曾經多次引用此經的內容，證明此經極早就出現在印度，是很早期的大乘佛教經典；大約於西元前後一世紀，開始在北印度的健馱邏國等地流行。

此經介紹從觀想念佛或持名念佛，提升至「實相念佛」的修行方式，將大乘般若思想和禪觀結合在一起。其修法以七日或九日為一期，日夜經行，不可坐臥，專念諸佛，能於空中感得十方諸佛，特別是無量壽佛在三昧中立於眼前。

中國最早倡提此法門者，乃是東晉慧遠法師（西元三三四至四一六年），他是淨土宗的第一代祖師；當年在廬山結白蓮社念佛時，就是以般舟三昧為根本的行持。其後，天台宗的祖師智者大師（五三八至五九七年）亦修持般舟三昧。唐朝的道綽法師（五六二至六四五年），曾修習七天七夜專念阿彌陀佛的「般舟三昧」。淨土宗第二代祖師善導大師（六一三至六八一年）亦修持般舟三昧，著有《般舟讚》一卷流傳於世。淨土宗第三代祖師承遠大師（七一二至八〇二年），是常行般舟三昧的行者。近代高僧靈巖山寺的妙蓮老和尚（一九二二至二〇〇八年）亦曾修持過十次般舟三昧。

智者大師的《摩訶止觀》中云：「九十日身常行無休息，九十日口常唱阿彌陀佛名無休息，九十日心常念阿彌陀佛無休息。或唱念俱運，或先念後唱，或先唱後念，唱念相繼，無休息時。若唱彌陀，即是唱十方佛功德等，但專以彌陀為法門主。舉要言之，步步、聲聲、念念唯在阿彌陀佛。」

「般舟三昧」是「佛立三昧」之意，常被理解為「九十日中常行、不眠」的念佛法門，除了飯食和大小便外，無間斷經行，不臥、不坐，專一於口念、意憶阿彌陀佛的修持方式。

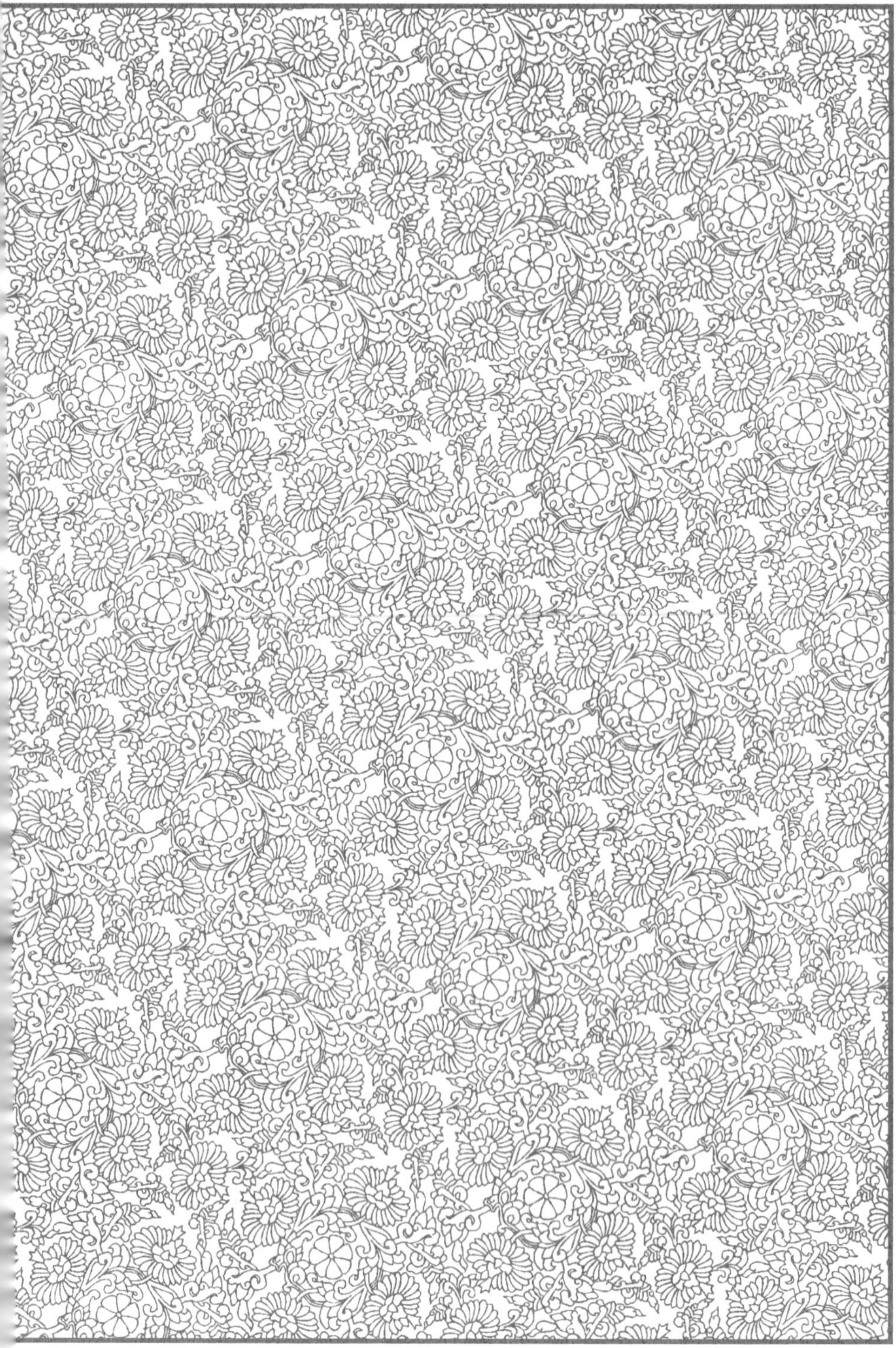

影響

壹・廣著群書

茲集雖以曇無德部為宗，然於他部互有發明者，悉採用之，此亦南山律祖集大成之式也。

明神宗萬曆四十二年（西元一六一四年），古心如馨律師至五臺山聖光永明寺開壇傳戒，結束明世宗嘉靖四十五年（一五六六年）下詔禁止僧尼開壇傳戒的御令，正式解除了近五十年不開戒壇傳戒、導致寺僧龍蛇混雜的局面，可謂是明末律學復興的重要里程碑。

廣著律學

三昧老和尚承繼師志，繼續廣泛傳戒、弘揚戒律的大業，並開創律宗千華派。大師為承繼二位律師之後的集大成者，被尊為律宗千華派第二代祖師。大師制定寺規，整飭綱紀；整理律典，恢復佛制；擴建道場，住持正法，使得沉寂已久的律宗再度發揚光大，大放光彩。因此，寶華山隆昌寺成為佛門叢林傳戒、弘律之典範，有「律宗第一山」、「天下第一戒壇」之美譽。

大師住持寶華山三十餘年，一生開戒七十餘期，戒弟子數以萬計。其畢生致力叢林革新，是制必遵，非法必革。大師制定十款僧約，嚴持清淨戒律，每年春冬傳戒，結夏安居自恣，成為四方衲子的依歸，各方寺院的楷模。直至現在，各地寺院的授戒儀規，均以寶華山隆昌寺的《傳戒正範》為藍本；甚至於寶華山的唱腔，亦成為江南寺院的標準唱腔。

清代釋守一的《諸家宗派》中，有關南山律派，乃以道宣律師為第一代，傳至第十三代為金陵古林庵慧雲如馨律師。慧雲如馨律師傳給三昧寂光律師，為寶華山第一代；三昧寂光律師傳給大師，為寶華山第二代；傳至第七代文海福聚分燈於北京，為法源寺第一代律祖，清代中葉以後頗為興盛。

明末清初曹洞宗的百愚禪師（西元一六一〇至一六六五年）的《百愚禪師語錄》中，推崇大師乃南山道宣律師之再來人，其云：「絳衣斜搭半橫身，高豎光幢啟後塵；道繼南山知有在，千華臺上再來人。」

明末清初著名詩人、戲曲家尤侗（一六一八至一七〇四年）的《艮齋倦稿》中，提及大師成功地復興南山律宗，曰：「見月而集大成，南山一宗，於今為烈矣。」

近代高僧倓虛法師（註一）對大師亦十分景仰，曾說過：

> 因為他老（見月大師）平素能刻苦，有「行力」！自出家到圓寂，無論為公為私，從不知躲懶偷安為甚麼！日常一行一動，舉心動念，無不合於佛法，無不是修行。

大師主要的著作有：《毗尼止持會集》十六卷、《毗尼作持續釋》十五卷、《傳戒正範》四卷、《毗尼日用切要》一卷、《沙彌尼律儀要略》一卷（以上五種均收於《續藏》，前三種於乾隆二年由福聚奏請入藏）、《一夢漫言》兩卷、《沙彌律儀要略》、《薙度正範》一卷、《僧行規則》一卷、《傳授三皈五戒八戒正範》一卷、《黑白布薩》一卷、《出幽冥戒》一卷、《大乘玄義》一卷、《藥師懺法》一卷、《比丘尼正範》一卷、《千手千眼大悲心咒行法》一卷，這些著述成為千華派的重要典籍。

大師弘戒數十年，戒弟子數以萬計，法嗣亦有數十人。據《南山宗統》的記載，大師的法嗣有定庵德基、宜潔書玉等六十八人。其中德基法師繼席寶華山，他著有《毗尼關要》十六卷、《毗尼關要事義》一卷（前兩種收於《續藏》）、《羯磨會釋》十四卷、《比丘尼律本會義》十二卷，編輯《寶華山志》十二卷未行世（今本《寶華山志》十五卷，係劉名芳纂修，福聚參校）。而書玉法師，別號佛庵，自寶華山分住杭州昭慶寺，重振戒壇，其著有《梵網經菩薩戒初津》八卷、《毗尼日用切要香乳記》二卷、《沙彌律儀要略述義》二卷、《二部僧授戒儀式》二卷、《羯磨儀式》二卷（以上俱收入《續藏》）。他們繼大師後，繼續傳戒、弘揚戒律。

重要著作簡述

大師的著述主要以戒律為主。其長年深究律藏，融通大小乘戒律，有其精闢的見解；配合其稟性剛直、不同流合汙，足以扭轉當時的邪風，為動盪的社會注入一股安定力，帶給世人極大的溫暖和光明。茲就大師幾部具有代表性的著作簡述如下。

一、《傳戒正範》

本書完整敘述傳授沙彌戒、比丘戒及菩薩戒的前行、正行及結行。全書分為四卷，其內容略述如下：

卷一、「初壇授沙彌戒前請戒懺悔儀」：分為（一）淨堂集眾法、（二）通啓二師法、（三）請戒開導法、（四）驗衣缽法、（五）露罪懺悔法、（六）

呈罪稱量法。

卷二、「二壇授比丘戒前請戒懺悔儀」：分為（一）明習儀法、（二）請戒開導法、（三）通白二師法、（四）教衣缽法、（五）審戒懺悔法。

卷三、「三壇授菩薩戒前請戒懺悔儀」：分為（一）通啓二師法、（二）請戒開導法、（三）開示苦行法。

卷四、分為以下三部分：

甲、「初壇傳授沙彌戒正範」：分為（一）明請師法、（二）正請師法、（三）開導法、（四）明請聖法、（五）懺悔法、（六）問難法、（七）歸依法、（八）結歸法、（九）說戒相法、（十）聽教囑法。

乙、「二壇傳授比丘戒正範」：分為（一）明僧中請師法、（二）正請師法、（三）壇主白法、（四）安受戒者所在、（五）差教授法、（六）教授出眾問難法、（七）白召入眾法、（八）明乞戒法、（九）羯磨師單白法、（十）正問難法、（十一）明授戒體法、（十二）正授戒體法、（十三）次說四墮法、

（十四）後授四依法、（十五）結勸回向法。

丙、「三壇傳授菩薩戒正範」：分為（一）明敷座結壇法、（二）明請師入壇法、（三）明禮敬三寶法、（四）明正請師法、（五）屈導戒法、（六）明請聖法、（七）授四不壞法、（八）懺悔過法、（九）明發願法、（十）明發戒體法、次正授戒體法、（十一）明宣戒相法、（十二）明結贊回向法。

《傳戒正範》詳細闡釋授戒的儀軌，並且將沙彌（尼）、比丘（尼）、菩薩三種戒法，在一段時間內依次完成，稱為「三壇大戒」的戒期法會。本書成為近代中國傳戒時最普遍的儀軌依據；直至今日，臺灣佛教傳戒時所用的儀軌，亦是依據《傳戒正範》為底本修改而成的。

目前臺灣各大寺院不定期舉辦三壇大戒，通常傳戒的時間是三十天至九十天之間——

初壇集體正授沙彌（尼）十戒，持守沙彌十戒乃是通往解脫之要道。

二壇是求受比丘二百五十條戒、比丘尼三百四十八條戒法。正授時，三人一壇，次第登壇受比丘（尼）戒。尼眾二壇，恪遵二部僧授之儀軌，先在尼僧三師七證主持下，授本法尼戒；再往比丘部，比丘十師與比丘尼十師共同臨壇，正授比丘尼大戒。

最後是三壇集體正授出家菩薩戒。戒期圓滿後，戒常住會發給戒子戒牒，證明個人已具有出家的僧籍。

透過傳授三壇大戒的儀式，淨化個人的生命並強化信仰與實踐，此為從俗世進入出世的歷程，趨往解脫及成道之道。

大師的同門師兄弟願雲法師對此書讚譽云：「三代禮樂，盡在是矣！」近代弘一律師曾讚譽《傳戒正範》是：「從明末至今，傳戒之書獨此一部。傳戒尚存一線曙光之不絕，唯賴此書。」弘一律師認為，自從明末迄今，唯獨此書將各種傳戒儀軌完整收錄；傳戒儀式能延續至今，端賴此書。可見其對此書極為肯定。

二、《毗尼止持會集》

「毗尼」又譯為「毗奈耶」（vinaya），即戒律之意。佛教戒律分為「止持」和「作持」，「止惡行善」是戒的總相，戒律不外止持、作持二門。七佛通戒偈中的「諸惡莫作」是消極的止惡，屬於止持戒，唯顯開遮之法；而「眾善奉行」是積極的行善，屬於作持戒，方攝誦戒之規。

大師在順治六年（一六四九年）作《毗尼止持會集》的自序文云：

夫毗尼是正法之壽命者，蓋由戒淨僧真，性遮之業而無染覆；道弘德備，權實之教而克闡揚。自行利他，越苦海而登彼岸；紹先啟後，續慧命以振玄猷。故曰：「毗尼住，則正法住」也。不然，則五邪罔禁，八穢殉身，虧僧寶之尊稱，失福田之淨德；上無楷模，下闕規繩，縱能聚眾匡徒，悉屬附法魔外。所欲令正法久住，豈可得乎？……爰搜諸部之精要，詳明止持之大成。……所冀同志諸賢，須遵七聚嚴護以防非，當欽四依知足而進道，則五濁世戒香芬馥於大地，六和眾法雨霈澤於人間，所謂毗尼住世則正法住世，不亦然乎？

大師開宗名義地闡明毗尼乃是正法之壽命，清淨持守戒律的僧人，對於性罪及遮罪均無違犯，自然圓滿具備德行，能夠弘揚權實之教法。如此方是真正的僧人，能自利及利他，度越苦海而登彼岸，並且能承先啟後、續佛慧命，因此可謂「毗尼住世，則正法住世。」

本書是大師會集諸部律法之精要，詳細闡明戒律的止持和作持。大師期許佛弟子能恪遵持守自己所受之律儀，令正法久住於世。

依據大師的《毗尼止持會集．凡例》所載：

今宗曇無德《四分律》者，蓋是南山聖師之所宗故。自唐以降皆弘通故，二百五十戒相悉具足故，犍度有歸、無紊亂故。

又云：

戒因事制，有緣方興，故於條下先出犯緣。須知栴檀林中曾無散木，靈山會上豈有凡夫，斯皆大權示現；密護僧倫，請佛制戒，助揚法化。如閱讀者，當生欽信，慎勿眇視以取慢尤。

在每一戒相之下，又「約以八科」，謂：一、制戒緣起，二、依律釋文，三、結罪輕重，四、兼制餘眾，五、應機隨開，六、會採諸部，七、經論引證，八、附事便考。

全書共有十六卷，其卷一依賢首宗（華嚴宗）「略開七門」為：一、教起因緣，二、藏乘所攝，三、教義通局，四、辯定宗趣，五、教所被機，六、總釋題目，七、別解戒相。

自卷二開始，分別解釋二百五十條的比丘戒之戒相，共分為八類：一、波羅夷法四條，二、僧伽婆尸沙法十三條，三、不定法二條，四、尼薩耆波逸提法三十條，五、波逸提法九十條，六、波羅提提舍尼法四條，七、眾學戒法一百條，八、滅諍法七條。

此書於清康熙五十年（一七一一年）匯入《嘉興藏》刻板流行，後又收入於清《龍藏》中。

三、《毗尼作持續釋》

《毗尼作持續釋》是有關作持的註釋，「作持」則是相對於「止持」而稱的。持戒除了防身、口諸惡為首要外，更須積極修善，策勵三業以行善，此為作持門，亦即教人眾善奉行之戒，如《四分律》中之二十犍度（註二）。

大師的《毗尼作持續釋．凡例》云：

律制羯磨，一切僧事依之成就；若靡羯磨，作辦不成。故律云：「有秉羯磨，有說行者，斯則名為正法住世。」又曰：「不誦白羯磨者，終身不得離依止。」

可見律制羯磨對僧人和正法住世的重要性。

當時律學的典籍有限，依據大師在《毗尼作持續釋．凡例》所載：「嗟夫！大鈔世沒，覓訪絕聞，是故研窮廣部，校讎作持。」

所謂「大鈔」，是指《四分律刪繁補闕行事鈔》，略稱《行事鈔》。此鈔為唐朝道宣律祖（註三）撰於唐武德九年（六二六年），後於貞觀四年（六三〇年）

再次校定；乃鈔集比丘依律行事的教典根據，主要就《四分律》加以刪繁、補闕，敘述《四分律》之要義，並參酌諸律諸家之說，詳述律行之故實制規，對後世僧行風儀之確立影響甚大。內容分為三十篇，為南山律宗根本要典，道宣律師便以此著作被尊為南山律宗開祖。其編撰要點如其序文云：

> 上卷則攝於眾務，成用有儀；中卷則遵於戒體，持犯立儀；下卷則隨機要行，託事而起。

《四分律刪繁補闕行事鈔》、《四分律含注戒本疏》與《四分律刪補隨機羯磨疏》，世稱為「南山三大部」。南山三大部早已在中國失傳，直至清末由徐蔚如居士從日本請回中國，始於天津刻經處重刊。

道宣律祖於唐太宗貞觀二十二年（六四八年）撰著《四分律刪補隨機羯磨疏》，又稱為《四分律業疏》或《業疏》。

《四分律刪補隨機羯磨疏》旨在辨釋持戒之要諦，內容分為十篇：一、集法緣成篇，二、諸界結解篇，三、諸界受法篇，四、衣藥受淨篇，五、諸說戒法篇，六、諸眾安居篇，七、諸眾自恣法篇，八、諸衣分法篇，九、懺六聚法篇，十、雜法住持篇。其中，〈集法緣成篇〉為序分，〈諸界結解篇〉至〈懺六聚法篇〉為正宗分，〈雜法住持篇〉為流通分。

大師的《毗尼作持續釋》乃是《四分律刪補隨機羯磨疏》之註釋。大師在其序文中，提及：

夫戒為通修之元基者，由其能淨無量之染業、能立無量之梵行故。若無戒德，則染心何以皎潔？梵行何以克成？故云：「戒為無上菩提本，應當一心持淨戒。」然持戒之心要唯二轍，一止持、二作持；止持則自唐迄今代有人弘，作持則數百餘載寂無提舉。

大師有鑑於「作持」乏人弘揚，因而發心闡揚道宣律祖的《四分律刪補隨機羯磨疏》，但道宣律祖《四分律刪補隨機羯磨疏》早已殘缺不全，所謂「有綱目，列而法不全；復有文句，古而義不顯。」由於當時律學的著述殘缺不全，而且法義又深奧難解，大師深入諸部律藏，校讎、比對諸部律藏之說，撰著了

《毗尼作持續釋》，俾利有志持律者知止作，明是非，臨事稱量，應為當為；「共沐戒海而盡浣凡心，俱踐道階而紹繼聖種」。

由於當時律學不彰，大師深究律藏，躬身力行二十餘年，上行下效，寺僧亦熟悉作持之後，《毗尼作持續釋》始於康熙四年（一六六五年）刊行，廣傳於佛教叢林。如《毗尼作持續釋》云：

宗紹作持，本欲重光息焰，必也前行後效。故體（乃指讀體律師）躬操二十餘年，稿成不遠刊行者，為令依學練知，見聞堅信。今已信樂欽行，故爾壽梓流布。

四、《毗尼日用切要》

大師受具足戒時，由於沒有錢請戒律讀本，被引禮師安排第一位背誦《毗尼日用》，原意是欲讓大師出醜；不料，大師由於每日專心聽鄰單戒兄的讀誦，已熟記內容。因此，當日大師非常流暢地高聲背誦出來，令教授師很訝異並十分欣喜。

大師根據明朝性祇法師編著的《毗尼日用》，彙編整理而成《毗尼日用切要》，皆是擇取《華嚴經．淨行品》之偈頌；有些只有偈頌，而有些則是偈頌配合密續之咒語而成。所謂「毗尼日用」，顧名思義，就是將佛法戒律的行持落實於日常生活之中，亦即行者憶誦其內容，並將之運用於日常生活。「切要」則是要領、綱要之意。此書在清乾隆時，由寶華山第七代住持釋福聚奏請入藏，收於《大藏新纂卍續藏經》第六十冊中（律部類諸述部）。

《毗尼日用切要》共計五十三個偈頌，為佛教行者日常衣食行住坐臥等應誦念之偈頌及咒語，茲列一些偈頌及咒語如下：

第一個偈誦是「早覺」：睡眠始寤，當願眾生，一切智覺，周顧十方。

唵　地利日哩　莎訶（七遍）

第八個偈誦是「登廁」：大小便時，當願眾生，棄貪瞋癡，蠲除罪法。

唵 狠魯陀耶 莎訶

第十五個偈誦是「七衣」：善哉解脫服，無上福田衣，我今頂戴受，世世常得披。唵 度波度波 莎訶（三遍）

第二十個偈誦是「禮佛」：天上天下無如佛，十方世界亦無比；世間所有我盡見，一切無有如佛者。普禮真言：唵 嚩日囉斛

第二十五個偈誦是「受食」：（一）若見空缽，當願眾生，究竟清淨，空無煩惱。（二）若見滿缽，當願眾生，具足成滿，一切善法。

第二十六個偈誦是「出食」：（早齋）法力不思議，慈悲無障礙，七粒遍十方，普施周沙界。（午齋）大鵬金翅鳥，曠野鬼神眾，羅剎鬼子母，甘露悉充滿。

第二十七個偈誦是「侍者送食」：汝等鬼神眾，我今施汝供；此食遍十方，一切鬼神共。唵 穆力陵 莎訶（三遍）

第三十一個偈誦是「食存五觀」：一、計功多少，量彼來處。二、忖己德

行，全缺應供。三、防心離過，貪等為宗。四、正事良藥，為療形枯。五、為成道業，應受此食。

第三十二個偈誦是「結齋」：先念準提咒，次念此偈云：所謂布施者，必獲其利益；若為樂故施，後必得安樂。飯食已訖，當願眾生，所作皆辦，具佛諸法。

第四十個偈誦是「敷單坐禪」：若敷床座，當願眾生，開敷善法，見真實相。正身端坐，當願眾生，坐菩提座，心無所著。

第四十一個偈誦是「睡眠」：應念佛、法、僧、戒、天、無常。以時寢息，當願眾生，身得安穩，心無動亂。阿（觀想阿字輪，一氣持二十一遍）

第四十三個偈誦是「浴佛」：我今灌浴諸如來，淨智莊嚴功德聚，五濁眾生令離垢，同證如來淨法身。

第四十八個偈誦是「沐浴」：洗浴身體，當願眾生，身心無垢，內外光潔。唵跋折囉惱迦吒 莎訶（三遍）

五、《一夢漫言》

此書是大師的自傳，分為上下兩卷，上卷是描述大師行腳參方的苦行事蹟，下卷則敘述大師數十年苦心經營寶華寺的歷程，以及弘法利生的事蹟。

弘一大師閱讀《一夢漫言》後，感到歡喜雀躍，深覺此書珍貴無比，因而反覆閱讀；每當閱讀時，常常廢寢忘食，內心深受啟發，甚至感動得潸然落淚數十次。他因而將此書概括地分段，加上眉注；並且參照地圖，描繪了一幅大師行腳的路線圖，作為研學此傳記者的參考。可見弘一大師對見月律師之無比推崇。

【註釋】

註一：倓虛大師（西元一八七五至一九六三年），俗姓王，名福庭，法號隆銜，字倓虛，河北省寧河縣河口北塘莊人；父親王德清，母親張氏，家道清貧。十七歲，倓虛大師奉父命娶妻，育有五子。二十歲父親往生，二十六歲母親又病故，從此一家生計端賴他兼營小販為生。年輕時，歷經戰亂——中日甲午戰爭、義和團之亂、八國聯軍及日俄戰爭等事件，曾云：「劫後餘生，職業固然是沒有，而生活也就隨之成了問題。」只好到塘沽做苦力，直到三十一歲才轉到營口一所宣講堂任事。由於曾研學過中醫藥，便開設「東濟生藥店」，一面懸壺濟世，一面研究佛經，奉讀《楞嚴經》。

一九一四年，倓虛大師年屆四十，感悟人生短暫，對出世之念日益堅定；前往北京附近的懷柔縣紅螺山資福寺，聆聽寶一法師講解《法華經》，欲求披剃未成。

一九一七年，倓虛大師再往天津名剎清修院，得清池法師引導，依淶水高明寺臨濟正宗印魁法師塔出家，由純魁師叔代收，法名隆銜，清池法師賜號倓虛。

同年秋天，倓虛大師南遊寧波觀宗寺，依諦閑老和尚受具足戒，隨後進入該寺弘法研究社學習天台教觀。

一九一八年冬天，倓虛大師在觀宗寺禪七中開悟，並作偈：「觀念即住，覺妄皆真。」深得諦閑大師的嘉許。

一九二〇年畢業後，倓虛大師入北京為觀宗寺請藏，並度其故二（俗家的妻子）皈依佛門。翌年，兒子王維翰發心出家，後來成為極樂寺住持大光法師。

一九二一年，倓虛大師應邀至顯聖寺宣講《金剛經》、《彌陀經》、《地藏經》，並將問難的外道度化為佛門的護法。

同年，倓虛大師應省緣和尚之請，任教於瀋陽萬壽寺佛學院，講完《佛遺教經》、《四十二章經》、《八大人覺經》等十部經。此段時間，得朱子橋將軍及葉恭綽部長等護法的支持，於東北之哈爾濱、長春、營口、瀋陽等地講經弘法，接引許多人皈信三寶，使佛教在東北普傳開來。

倓虛大師廣建寺院，興辦學校，諸如：一九二一年在營口啟建的楞嚴寺，一九二二年在長春籌建的般若寺，一九二四年在哈爾濱竣工的極樂寺，其中以極樂寺的規模為最大。倓虛大師在極樂寺任住持六年，興辦極樂寺佛教學校，是關東有僧學之始。

一九二五年四月，倓虛大師在極樂寺傳戒，度僧七百餘眾，特請諦閑大師擔任得戒和尚，獲諦閑大師付法，為天台宗第四十四代法嗣，賜名「今衡」。倓虛大師自此繼承天台宗法脈，並中興東北佛教。

此後，倓虛大師以十年的光陰建設湛山寺，一九三八年完成殿堂、經樓等數十幢院宇。自此，青島人民信仰佛法者日益增多，湛山寺馳名中外，成為佛教名剎勝地。倓虛大師自書「海印遺風」四字於寺中後殿匾額，以誌因緣，並自號「湛山老人」。

一九四九年，香港佛教界禮請倓虛大師前往弘法。倓虛最初在「東蓮覺苑」講《金剛經》；之後，吳蘊齋居士再請倓虛駐錫香港荃灣弘法精舍，創辦「華南佛學院」以培育僧才。倓虛大師以七十六歲高齡，除在院授課外，每星期日還到東蓮覺苑講《法華經》。

倓虛大師八十歲，港九弟子請出版《影塵回憶錄》，全書三十餘萬言，由倓虛大師口述一生事跡，弟子大光法師筆錄。

一九五八年，倓虛大師創設「中華佛教圖書館」，蒐集《大正藏》、《卍續藏》等七部大藏經及散裝經書二萬餘冊，供人閱讀。又在館內講《華嚴經》一部，歷時五年，寒暑不輟，聽眾座無虛席。

一九六三年，倓虛大師以八十九歲高齡，應四眾弟子之請，主要講授《楞嚴經》、《金剛經》。同年六月二十二日，在大眾念佛聲中圓寂於香江，世壽八十九，僧臘四十六，法臘三十八。

倓虛大師的主要著作有：《心經疏義》、《心經講義》、《起信論講義》、《天台傳佛心印記釋要》、《金剛經講義》等；另有弟子所記之《楞嚴隨聞錄》、《金剛經親聞記》、《影塵回憶錄》等。
倓虛大師是近代佛教教育家，以淨土為依歸，受其教化者不勝枚舉；凡有供養，悉歸常住，不蓄長物。倓虛大師力倡由解起行，就是將所學的佛法和研究佛學的理論，躬行實踐，付諸實行。
倓虛大師、太虛大師與虛雲大師有中國佛教「三虛」之稱，其德業之成就和對佛教之貢獻，為教內外人士所推崇。

註二：犍度，為梵語 khandhaka 之音譯，乃篇章、分類編集之義。戒律於作持門之分類，《四分律》集為二十篇，即：
（一）受戒犍度，又作受具足戒法、大犍度，說受戒之法。
（二）說戒犍度，又作布薩法、布薩犍度，說每月說戒懺悔之法。
（三）安居犍度，說每年自五、六月安居結制之法。
（四）自恣犍度，說夏安居竟日，使比丘隨意舉其所犯之罪而訓誨之法。
（五）皮革犍度，說皮革能否使用之制戒。

（六）衣犍度，說比丘三衣之法。
（七）藥犍度，又作醫藥法，說四藥之法。
（八）迦絺那衣犍度，說安居後五個月間，自信者受迦絺那衣（功德衣）之事。
（九）拘睒彌犍度，又作俱舍彌法，說於拘睒彌國所起比丘互誹之事。
（十）瞻波犍度，說於瞻波國所起之僧中爭事。
（十一）訶責犍度，又作羯磨犍度，說治罰惡比丘之法。
（十二）人犍度，又作僧殘悔法、別住法、別住犍度，說比丘犯罪而不覆藏時，對其訓誨之法。
（十三）覆藏犍度，又作聚集犍度，說治犯罪而覆藏者之法。
（十四）遮犍度，又作遮布薩法，說比丘說戒時，遮不如法之比丘不聽列之法。
（十五）破僧犍度，又作調達事，說破法輪僧破羯磨僧之事。

（十六）滅諍犍度，又作諍事法，說滅七種諍論之法。

（十七）比丘尼犍度，說比丘尼特殊之法。

（十八）法犍度，又作威儀法，就比丘之坐作語默，說如法之威儀。

（十九）房舍犍度，又作臥具法，說比丘所住房舍或資具之法。

（二十）雜犍度，說以上十九犍度外之種種雜法。

註三：道宣律師，生於隋文帝開皇十六年（西元五九六年）四月八日，浙江吳興人（一說江蘇丹徒人），生於長安。俗姓錢，字法遍。家學淵源，世代為官，父親錢申任吏部尚書。母夢月輪貫懷而有孕，復夢一梵僧告知所懷者乃梁朝僧祐律師轉世，宜令其出家。

道宣律祖九歲便能作賦。十五歲時，道宣律祖至長安日嚴寺隨慧頵律師（五六四至六三七年）學律及經典。十六歲時，道宣律祖隨慧頵律師出家，潛心學習。

大業十一年（六一五年），二十歲時，奉詔依止大禪定寺智首律師受具足戒，學習《四分律》，從師聽聞《四分律》二十遍，方前往林間修習定慧。

武德七年（六二四年）遷居終南山倣掌谷，建白泉寺，大力弘揚《四分律》。

武德九年（六二六年），道宣律祖撰著《四分律刪繁補闕行事鈔》三卷，主張圓融三學，以大乘菩薩的圓教義理會通《四分律》，闡發律學精要；更依天台與唯識教義來解釋《四分律》，為小乘戒法注入大乘思想，奠定南山律宗的開宗基礎。

翌年，道宣律祖撰作《四分律拾毗尼義鈔》六卷，其後陸續完成《四分律刪補隨機羯磨》一卷、疏二卷，《四分律比丘含注本》一卷、疏三卷，《四分律刪繁補闕行事鈔》十二卷和《比丘尼鈔》六卷，此乃南山律宗五大疏鈔，稱為「律學五大部」，為律宗重要著作。唐朝以後講律學者，莫不宗南山，故後人尊其為「南山宗祖師」。

貞觀十九年（六四五年），道宣律祖撰寫《續高僧傳》三十卷。

道宣律祖一生常行般舟三昧，共計二十一次，一次為九十日。

天竺三藏法師善無畏初到中國，皇帝問：「要往何處參學？」善無畏奏曰：「在天竺時，常聞西明寺宣律師（即道宣律祖）秉持第一，願往依止。」可見道宣律祖精持戒律的盛名，不僅在中土受到尊崇，西域天竺亦傳頌推崇。

唐高宗乾封二年（六六七年）二月，道宣律祖於淨業寺創立戒壇，為諸方沙門二十餘人傳授具足戒，並撰著《關中創立淨業戒壇圖經》，為後世建築戒壇法式。

同年十月三日，道宣律祖端坐示寂，世壽七十二，戒臘五十二。唐高宗詔令天下寺院圖寫道宣律祖法相奉祀，以追念遺範；唐穆宗為之作贊；唐懿宗咸通十年（八六九年），追諡「澄照」，塔號「淨光」。宋徽宗崇寧二年（一一〇三年），加諡「法慧大師」。

貳・戒律思想與修持

夫毗尼是正法之壽命者，蓋由戒淨僧真，性遮之業而無染覆；道弘德備，權實之教而克闡揚。

釋迦牟尼佛成道後，建立僧團，做為弘揚佛法及利益群生的大本營。根據《四分律》記載，舍利弗尊者聽聞佛陀說：「拘那含牟尼佛與迦葉佛，因為不廣為諸弟子說法，不結戒，亦不說戒，故諸弟子疲厭，是以法不久住。」於是，舍利弗請佛陀制戒說戒。

結制戒律之因

佛陀認為制戒因緣尚未具足，云：

如來未為諸比丘結戒。何以故？比丘中未有犯有漏法；若有犯有漏法者，然後世尊為諸比丘結戒，欲使彼斷有漏法故。

意謂比丘僧團中，尚未有比丘違犯戒律，所以如來不制戒；將來若有比丘違犯，再制定戒律。簡言之，欲求正法久住，當制戒律，但佛陀採用「隨犯隨制」的方式制定戒律。也就是說，律藏中的每一條戒，皆是佛陀為了針對當時的情況，配合當地的民情風俗，因時、因地制宜，善巧制定而成的。

佛陀成道後，僧眾未犯戒之十二年間，未曾立一戒。當時，佛陀所教誡之法是七佛通戒偈，謂：

善護於口言，自淨其志意，身莫作諸惡；此三業道淨，能得如是行，是大仙人道。

此稱為略教或略戒。十二年之後，有些弟子的行為漸趨放逸，惡行漸起，世尊乃隨緣制戒攝僧，此為佛陀制戒的嚆矢，因而有五篇七聚，此名為廣戒或廣教。

大師的《毗尼止持會集》卷第一中提及，專就此律（即《四分律》），復有十義，為教起所因。如下——

一、攝取於僧者：謂於世人眾姓之內，若有篤信男女等，入正法中，深生敬信，樂為苾芻，以成僧眾，令取僧寶果故。

二、令僧歡喜者：謂既入善說法律之中，而知僧尊，堅固道志，暢悅持戒，蕩滌凡情，能令善法極增勝故。

三、令僧安樂者：謂依禁戒清淨活命，三慧自淑，五邪不干，以七法財，還信施債，德業漸增，不為施所墮故。

四、未信者令信者：謂持禁戒性遮清淨，四儀整肅，譏誚不興，令未信者知歸佛道，使邪見輩正信發生故。

五、已信者令增長者：謂嚴淨律儀梵行可軌，如教化利慈威可欽，能令久淹佛法者，景仰歸從，愈增淨信故。

六、難調者令調順者：謂有一類名字比丘，及一類雖具信心煩惱業習強者，今以輕重律儀諫治調伏，令知自責隨順眾僧故。

七、慚愧者得安樂者：謂清淨律儀調難調者令知足，慚愧樂持戒僧，一界六和，身心無擾，得適悅進道故。

八、斷現在有漏者：謂諸惡發業，皆由潤生，今以淨戒防止功用，能違現行，乾枯業種，不起煩惱，斷除苦因故。

九、斷未來有漏者：謂依淨戒定慧發生，心無染污，永斷漏種，不受後有，得證僧寶果故。

十、令正法久住者：謂令清淨僧寶種性，相續不息，如法宣說，廣利人天，展轉相教，正法得以久住故。

此十種原因，是佛陀制定戒律的真正目的。若是佛弟子能夠遵行戒法，便可以增長信心，使僧團清淨，並和樂共住，令正法久住。

世尊於拘尸那城娑羅雙樹下，將入涅槃。眾弟子圍繞身旁，傷心欲絕，心懷憂惱。此時，阿難問佛陀，云：「佛在世時，我們以佛為師，佛滅度後，大眾以何為師呢？」佛陀回答：「以戒為師。」佛陀以大悲心，殷重囑咐弟子修行之要，首先強調「持戒」的重要性。所謂「律者，佛之身」，謂戒律乃成就三千威儀、八萬細行之根本，能使未信者令信，已信者令增長。

佛陀在涅槃前，仍諄諄教導弟子「以戒為師。」如《佛遺教經》云：

> 汝等比丘，於我滅後，當尊重珍敬波羅提木叉，如闇遇明，貧人得寶。當知此則是汝大師，若我住世，無異此也。

又說：

> 戒是正順解脫之本，故名波羅提木叉。因依此戒，得生諸禪定，及滅苦智慧。

「波羅提木叉」為梵語 prātimokṣa 之音譯，意譯為「隨順解脫」、「處處解脫」、「別別解脫」、「別解脫」、「最勝」、「無等學」、「護解脫」——因其為遠離諸煩惱惑業而得解脫所受持之戒律，即意指佛教出家眾所應遵守的戒律，所有僧團成員都應遵守。由其「解脫」及「最勝」之意涵，可見出家戒之殊勝及重要性。

由佛陀之最後的教誡可知，佛入滅後，當以戒為師。所謂「毗尼住世，佛法住世」，如果能持守淨戒，則與佛住世無異，令佛法久住於世；而且行者因持守淨戒，由戒生定，因定發慧，可以解脫輪迴苦海。

《首楞嚴義疏注經》亦云：

佛告阿難，汝常聞我毘奈耶中，宣說修行三決定義，所謂：攝心為戒，因戒生定，因定發慧，是則名為三無漏學。

由此可知佛陀常教導弟子，達到解脫的三決定義是攝心為戒、因戒生定、因定發慧，名為三無漏學（增上戒學、增上定學、增上慧學），其中以增上戒學為三學之首，亦是一切修行的基礎。

因此，在《四十二章經》中，佛陀告誡弟子們：

佛子離吾數千里，憶念吾戒，必得道果；在吾左右，雖常見吾，不順吾戒，終不得道。

即謂佛弟子與佛的真正距離，取決於持戒與否。

佛陀制定的戒律，可分為三大類：別解脫戒、菩薩戒和密乘戒，以下說明前二者。

別解脫戒

別解脫戒即「波羅提木叉」，依受持者的身分不同，可分為七種，又稱七眾別解脫戒，括優婆塞、優婆夷、沙彌、沙彌尼、式叉摩尼、比丘、比丘尼。

前兩者是在家男眾及在家女眾所受持的五戒，包含殺生戒、偷盜戒、邪淫戒、妄語戒及飲酒戒等五項。

優婆塞，又譯為「鄔波索迦」，是梵語 upāsaka 之音譯，意譯為「近事男」，亦即在家親近奉事三寶，乃至受持五戒之男居士。

優婆夷，又譯為「鄔波斯迦」，是梵語 upāsikā 之音譯，意譯為「近事女」，亦即在家親近奉事三寶，乃至受持五戒之女居士。

《優婆塞戒經．受戒品》云：

善男子，諦聽！諦聽！如來正覺說優婆塞戒，或有一分，或有半分，或有無分，或有多分，或有滿分。若優婆塞受三皈已，不受五戒，名優婆塞。若受三皈受持一戒，是名一分；受三皈已受持二戒，是名少分；若受三皈持二戒已，若破一戒，是名無分；若受三皈受持三、四戒，是名多分；若受三皈受持五戒，是名滿分。

由上可知，受三皈依後，則可勉稱為優婆塞（或優婆夷）。若是進而受五戒中的任一戒，就是一分優婆塞；若是受兩戒即是少分優婆塞；受三、四戒則是多分優婆塞；若是具足受持五戒，便是滿分優婆塞。戒師則依戒子的意願而傳授一分戒、或少分戒、或多分戒、或滿分戒。（另有一說認為，如果受三條戒，就是半分優婆塞。）

見月大師撰有《傳授三皈五戒八戒正範》，專為在家居士舉行授戒儀式之用。此書雖然未入藏經，但迄今仍為佛教道場傳授在家居士三皈及戒律之用。

後五者則是出家眾受持的別解脫戒。其中，「沙彌」為梵語 śrāmaṇera 之音譯，意譯為「求寂」、「息慈」、「勤策」，即止惡行慈，覓求圓寂的意思。男眾稱沙彌，女眾則稱沙彌尼。沙彌或沙彌尼所受持的是十戒，即：一、不殺生，二、不偷盜，三、不淫，四、不妄語，五、不飲酒，六、不著花鬘、好香塗身，七、不歌舞唱伎亦不往觀聽，八、不坐臥高廣大床，九、不非時食，十、不捉持金銀寶物。

式叉摩那，又譯為「式叉摩尼」、「式叉摩那尼」，為梵語 śikṣamāṇā 之音譯，意譯為「學法女」、「正學女」，乃位於沙彌尼和比丘尼之間緩衝的階段。其目的為：一是使沙彌尼習慣出家生活和戒律，二是對曾結婚的女眾，出家為沙彌尼後，可以觀察其是否懷孕。如《四分律》云：「聽童女十八者，二年中學戒，年滿二十，比丘尼僧中受大戒；若年十歲，曾出嫁者，聽二年學戒，滿十二，與受戒。」謂制戒因緣中，女眾出家有童女、曾嫁婦人，都須經二年的學戒，方可傳授其具足戒。

依《四分律》規定，式叉摩那除了遵守沙彌尼的十戒外，尚須受持「六法」二年，以及必須跟隨比丘尼學習各種戒法及律儀，使能夠具備稟受具足戒的資格。

依《四分律》的「六法」為：一、染汙心相觸戒（尼染汙心與男染汙心身相觸）；二、盜人四錢戒；三、斷畜生命戒；四、小妄語戒；五、非時食戒；六、飲酒戒。至於其他律典，雖都有提出「六法」，但內容並不一致。

如果在二年中犯六法者，就不能進受比丘尼戒，須再受六法二年；二年內嚴持六法不犯，方允許進受比丘尼戒，這比沙彌尼戒嚴格得多。因為女眾的心性不定，容易退失，所以在受比丘尼戒前，須先經此嚴格的考驗。

比丘戒有二百五十條，比丘尼戒有三百四十八條。唯有比丘戒或比丘尼戒，稱為「具足戒」，即受完整的波羅提木叉之意。受具足戒的僧人，方真正入僧數，可以參與僧團的羯摩法，決定僧事。（註一）

見月大師聽到亮如老和尚勸誡其他僧人說：「出家必須先受沙彌戒，再受比丘戒；行住坐臥等，應當具備諸種威儀，才能稱為僧人。若不受比丘戒，威儀不具足，就不能稱為僧人，會玷汙了法門的清譽。」大師當下向老和尚禮拜，並說：「請師父為我授比丘戒，使我成為合格之僧人。」老和尚回應：「我是法師，主要負責講解經論；若是要受比丘戒，則必須請求律師如法傳戒。」因此，大師才歷經千辛萬苦行腳兩萬餘里，求受比丘戒。

大師深究廣律，尤其以比丘戒為主，並加以編輯撰著，有《薙度正範》、《傳戒正範》、《沙彌律儀要略》、《沙彌尼律儀要略》、《比丘尼正範》、《毗尼止持會集》、《毗尼作持續釋》、《毗尼日用切要》、《黑白布薩》、《僧行規則》等書，作為出家眾舉行剃度、授戒儀式之用，以及僧人持戒的依歸。

菩薩戒

菩薩是梵語「菩提薩埵」（bodhisattva）的略稱，意譯為「覺有情」，乃指上求無上菩提，下化一切眾生，修諸波羅蜜行，以期未來成就佛果的行者。

菩薩戒涵蓋七眾別解脫戒，又超勝別解脫戒的功德，而且是過去七佛的戒法，這是菩薩戒的殊勝處。如《梵網經》提到，過去莊嚴劫千佛、現在賢劫千佛，都是由於受持菩薩戒而成佛；未來星宿劫中的千佛，仍須受持菩薩戒才能成佛。所以，菩薩戒是諸佛的本源，也是佛弟子成佛的根基。如《梵網經》云：

金剛寶戒，是一切佛本源，一切菩薩本源，佛性種子。一切眾生皆有佛性，一切意識色心，是情是心，皆入佛性戒中。

也就是說，菩薩戒為諸佛的本源、菩薩的根本，是諸佛子的根本。

菩薩戒可分為「出家菩薩戒」和「在家菩薩戒」兩種。菩薩戒的內容主要為「三聚淨戒」，亦即「攝律儀戒」、「攝善法戒」、「饒益有情戒」等三類，也就是包括持守律儀、修諸善法、度化眾生等三大類的戒律。

菩薩戒超勝別解脫戒，更為深廣。首先，別解脫戒，倘若造惡是有違犯戒，不積極修善則無違犯戒；而菩薩戒不唯「止惡」，尚須積極「行善」，若不積極行善則有違犯戒。再者，別解脫戒，意業造惡，若未發於身語二業，不算有違犯戒；而菩薩戒，只要惡念一生，即是違犯戒。三者，別解脫戒的戒體是盡形壽，而菩薩戒則是盡未來際。如《華嚴經》云：

戒為無上菩提本，應當一心持淨戒；若能堅持於淨戒，是則如來所讚歎。

菩薩戒的戒相條目多寡，諸經略有出入，《瑜伽師地論》及《菩薩地持經》為四重及四十三犯事（輕戒）；《梵網菩薩戒經》則為十重及四十八輕；而《優婆塞戒經》是六重及二十八失意罪（輕戒）。

根據《梵網經》記載的菩薩戒，有「十重戒」、「四十八輕戒」——

十重戒：殺戒、盜戒、淫戒、妄語戒、酤酒戒、說四眾過戒、自讚毀他戒、慳惜加毀戒、瞋心不受悔戒、謗三寶戒等。經云：

善學諸仁者，是菩薩十波羅提木叉，應當學。於中不應一一犯如微塵許，何況具足犯十戒？若有犯者，不得現身發菩提心，亦失國王位、轉輪王位，亦失比丘、比丘尼位，亦失十發趣、十長養、十金剛、十地。佛性常住妙果，一切皆失。墮三惡道中，二劫、三劫，不聞父母三寶名字，以是不應一一犯。汝等一切菩薩，今學、當學、已學。如是十戒，應當學，敬心奉持，八萬威儀品當廣明。

此十重戒為大乘戒的嚴重過患，若大乘菩薩犯此法，則構成波羅夷罪。

四十八輕戒：相對於十重戒，四十八輕戒屬輕垢罪，包括：第一、不敬師友戒，第二、飲酒戒，第三、食肉戒，第四、食五辛戒，第五、不教悔罪戒，第六、不供給請法戒，第七、懈怠不聽法戒，第八、背大向小戒，第九、不看病戒，第十、不畜殺具戒，第十一、國使戒，第十二、販賣戒，第十三、謗毀戒，第十四、放火焚燒戒，第十五、僻教戒，第十六、為利倒說戒，第十七、恃勢乞求戒，第十八、無解作師戒，第十九、兩舌戒，第二十、不行放救戒，第二十一、瞋打執仇戒，第二十二、憍慢不請法戒，第二十三、憍慢僻說戒，第二十四、不習學佛戒，第二十五、不善知眾戒，第二十六、獨受利養戒，第二十七、受別請戒，第二十八、別請僧戒，第二十九、邪命自活戒，第三十、不敬好時戒，第三十一、不行救贖戒，第三十二、損害眾生戒，第三十三、邪業覺觀戒，第三十四、暫念小乘戒，第三十五、不發願戒，第三十六、不發誓戒，第三十七、冒難遊行戒，第三十八、乖尊卑次序戒，第三十九、不修福慧戒，第四十、揀擇受戒戒，第四十一、為利作師戒，第四十二、為惡人說戒戒，第四十三、無慚受施戒，第四十四、不供養經典戒，第四十五、不化眾生戒，第四十六、說法不如法戒，第四十七、非法制限戒，第四十八、破法戒。以上等四十八條。

菩薩戒雖有十重、四十八輕戒等戒相，但其根本精神是發菩提心；若是忘失菩提心，就是違反菩薩的根本精神。

《梵網經》記載，受持菩薩戒有五種利益：

一、感得十方諸佛愍念、守護。
二、臨命終時正見，心生歡喜。
三、所生之處，與諸菩薩為友。
四、功德多聚，戒度成就。
五、今世後世，性戒福慧圓滿。

若是佛滅度後，千里內沒有法師，即可在佛像前自誓受菩薩戒；不同於比丘戒，至少須五位如法的比丘才可以傳戒，亦不可在佛像前自誓受比丘戒。

雖然大師未直接撰著《梵網經》之註解，但早在大師受比丘戒時，首座樂如法師指名要大師他們十三人覆講《梵網經》，這是破例要新受戒的沙彌覆講戒法。大師所覆講的內容，是《梵網經》上卷中的十金剛種子、第十信心位，大師一開始先將《梵網經》的經文念完後，再總括說明要義，然後再依文詮釋；與會的聽眾莫不異口同聲稱讚，三昧老和尚和二位阿闍黎都感到很欣慰，喜見佛門又添一龍象。自從受大戒後，大師常代三昧老和尚為大眾講解《梵網經》，對大乘菩薩戒的推廣不遺餘力。

近代高僧聖嚴法師（西元一九三一至二〇〇九年）在〈明末中國的戒律復興〉一文中，曾分析明末的戒律思想與唐宋的有所不同。聖嚴法師認為，唐宋諸家是站在《四分律》的立場，以律解釋律。到了明末有四種特色：一、菩薩戒與小乘律並重。二、用華嚴宗、天台宗和禪宗的觀點，解釋戒律的思想。三、可以用大小乘經論、祖師的著作，乃至世間的典籍，作為解釋戒律的輔助資料。四、引用密咒作為日常生活的修持。由此可見，明末的戒律，有禪、教、律並重，顯、密圓融的趨勢。

「密乘戒」則是行者受無上瑜伽密續須受持的戒律，在此不予敘述。

一代宗師

晚明堪稱中國佛教的復興時期，此時人才輩出，可謂時代造英雄，除了最受屬目的「明末四大師」，即雲棲袾宏（蓮池大師，西元一五三五至一六一五年）、達觀真可（紫柏大師，一五四三至一六〇三年）、憨山德清（憨山大師，一五四六至一六二三年）和蕅益智旭（蕅益大師，一五九九至一六五五年）等四位大師外，尚有一位大師凡事以身作則，成為寺僧的楷模，對大、小乘戒皆融通，奮力擔負起復興律宗，重振寶華山的偉業，那就是本書的主角見月讀體大師。

這些大師的言行，處處體現著不忍聖教衰、不忍眾生苦，不為自己求安樂、但願眾生得離苦的悲願，可謂是具足悲智雙運之行者。他們由個人的修持，影響到世人、社會和佛教界，為當時社會及佛教復興做出非凡貢獻，彷彿黑暗中的一盞明燈，帶給亂世的眾生重見光明，為苦海中的眾生指引迷津，其影響力深遠，一直持續到現在，乃至未來。

見月大師是一位律學實踐者和弘揚者，其一生以弘揚戒律為己任，秉持「是制必遵」、「非法必革」的精神，制定寺院的清規，恢復結界、說戒、安居、自恣等律制，興建戒壇、如法傳戒及整理編撰律典等大業，不屈不撓地中興律宗，使寶華山隆昌寺成為戒律森嚴和山門鼎盛的律宗叢林。

迄今，中國佛教得以如法如律地傳授三壇大戒，僧眾得以正確地學習戒律的止持和作持等律制，大師的功勞與恩澤，永垂千古。

【註釋】

註一：佛陀提倡眾生平等制度，打破當時印度社會的階級制度。佛陀云：「我亦僧數。」謂我（佛陀）也是僧團中的一員。又說：「我不攝受眾，我以法攝眾。」也就是佛陀不以領導者自居，而是以真理來攝受僧團。根據佛制，僧團的最高決策權不在於住持或首座，而是僧團中的每一位比丘（或比丘尼）具有僧團的決策權，透過羯磨的方式進行決策。羯磨，是梵語 karma 的音譯，意譯為「業」，乃生善滅惡之作法，受戒、說戒、懺罪，以及各種僧事的處理。《慧苑音義》云：「羯磨，此云辦事，謂諸法事由此成辦。」亦即羯磨法是佛教特有的議事法，目的是為增進僧團生活的「六和敬」，即身和同住、口和無諍、意和同悅、戒和同修、見和同解、利和同均。

羯磨制度是僧侶「僧事共決」的最高決策單位，凡有關於僧侶的日常生活之議事，或是平日違犯戒律者，針對其所犯的情事加以審議、判決、處置等事宜，定期或不定期集眾進行羯磨議事。

所謂僧事僧斷，除了不要在家人處理僧團之事外，更重要的是，僧團的事必須依據戒律為依歸，而且經過僧團中的每一位比丘（或比丘尼）以羯磨的方式進行決策，以便取得共識，和合共住。

附錄

見月律師年譜（西元一六〇二至一六七九年）（參考弘一大師編錄之年譜摭要）

歲數——西元——帝號、年號

一歲　一六〇二　明神宗萬曆三十年
見月律師誕生。

十四歲　一六一五　明神宗萬曆四十三年
大師的雙親不幸相繼過世，改由伯父代為養育。

二十七歲　一六二八　明思宗崇禎元年
十二月，大師聞伯父逝，發心出家，易道士服，更名真元，號還極。

二十九歲　一六三〇　明思宗崇禎三年
大師於三營鎮的大覺寺主持龍華法會。

三十歲　一六三一　明思宗崇禎四年
大師三月移居至劍川州的赤岩書室。
六月，獲讀《華嚴經》，急欲披剃為僧。

八月，朝禮雞足山，拜謁大力和白雲二位老和尚。

三十一歲　一六三二　明思宗崇禎五年

大師禮請亮如老法師為其剃度為僧，法名讀體，號紹如。

三十二歲　一六三三　明思宗崇禎六年

四月，大師欲往三昧和尚處求受具足戒，與成拙法師同行。

十月，至湖廣武岡州止水庵，過冬。

三十三歲　一六三四　明思宗崇禎七年

大師正月於梁家庵聽聞《楞嚴經》。

四月，至寶慶府聞《楞嚴四依解》；又至五臺庵，謁顓愚大師，深得其讚賞。

十月，大師到南京參學，初登寶華山學習楞嚴咒。

三十四歲　一六三五　明思宗崇禎八年

三月，大師至五臺山，初謁三昧老和尚，於塔院寺過冬。

三十五歲　一六三六　明思宗崇禎九年

七月，大師離開五臺山，改號見月。

九月，大師到江南，於鎮江甘露寺過冬。

三十六歲　一六三七　明思宗崇禎十年

大師至海潮庵。

四月，大師依三昧老和尚受戒。

八月，大師擔任西堂，開始研讀律藏。

三十七歲　一六三八　明思宗崇禎十一年

熏六教授師授與大師紫衣。

是冬，熏六教授師示寂。

三十八歲　一六三九　明思宗崇禎十二年

正月，大師隨三昧老和尚返石塔庵；至龍潭，阻風三日，三昧老和尚登寶華山，發願重興。

三月，大師開始擔任教授師。

四月，隨老和尚駐錫寶華山，擔任教授師，又兼任監院。

九月，寶華山冬期傳戒，成拙法師至寶華山受戒。

三十九歲　一六四〇　明思宗崇禎十三年

四月，因達照法師瞋怨，大師與成拙法師第一次離山，往無錫，旋歸寶華山。

四十歲　一六四一　明思宗崇禎十四年

寶華山寺宇，方位不佳，因而常住不興，乃重修改向。卸瓦運磚，大師皆躬身率先領眾動工。

四十一歲　一六四二　明思宗崇禎十五年

因前殿香燈行非法事，達照、香雪二位師長竟然縱容，不予以嚴懲，大師遂第二次離山。

十月，大師前往黃山。

四十二歲　一六四三　明思宗崇禎十六年

三月，大師返回寶華山。

四十四歲　一六四五　明安宗弘光元年／清順治二年

大師在嘉興募資，欲為三昧老和尚建壽塔。

六月，老和尚疾，歸寶華山。

閏六月四日，老和尚示寂，囑繼法席。大師立十約，大眾不悅。

十月，大師集眾告白，將遵制行法。三日後，達照法師辭當家，香雪法師他往，諸同戒皆散，舊執事十之八九離去，尚有一百餘位志同道合者，願協助大師共同持戒。

四十五歲　一六四六　清順治三年
大師始行安居。
八月，清兵包圍隆昌寺，寺僧悉數被押解至軍營審問，翌日放回。

四十八歲　一六四九　清順治六年
二月，達照法師之徒，有一、二人故違僧規，達照法師縱容不訓。大師第三次離山，欲上北五臺；至滁州，遂歸寶華山。

四十九歲　一六五〇　清順治七年
四月，覓心法師爭居方丈，大師第四次離山，往甯國。
七月，大師歸寶華山。

五十歲　一六五一　清順治八年
從這一年開始，每逢冬夏兩季，內外大眾共聚一堂，七日七夜念佛不斷；每年七月十五日，如期舉辦盂蘭盆報恩法會。

五十一歲　一六五二　清順治九年
江南遭遇蝗蟲和乾旱之災，寸草不生，百姓飽受饑饉之苦。大師開倉，周濟村民糧食，並教導村民布施培福，遠離貧窮之苦。

五十二歲　一六五三　清順治十年

二月，大師攝受心聞法師師徒十人；大師撰輯《教誡比丘尼正範》一卷。
八月，大師行般舟三昧九旬。

五十四歲　一六五五　清順治十二年

秋，大師再次修般舟三昧九旬。

六十四歲　一六六五　清康熙四年

是夏，大師所撰述的《毗尼作持續釋》刊行。大師尚著有《大乘玄義》、《毗尼止持會集》、《黑白布薩》、《傳戒正範》及《僧行軌則》等。

七十三歲　一六七四　清康熙十三年

大師撰《一夢漫言》。

七十七歲　一六七八　清康熙十七年

歲末，大師示微疾。

七十八歲　一六七九　清康熙十八年

正月既望，力疾起視，大師告誡弟子曰：「勿進湯藥，更七日行矣。」於正月二十日端趺而化，大師世壽七十八歲（另有《寶華山志》及《新續高僧傳》均作大師世壽為七十九歲，僧臘四十八）。大師荼毗後，得五色舍利。

參考資料

一、專書

見月律師著，《一夢漫言》，佛陀教育基金會。

弘一大師，《寶華山見月律師年譜摭要》，臺灣印經處。

溫金玉，《律宗千華派二祖——讀體見月大師傳》，佛光文化事業有限公司。

聖嚴法師，《明末佛教研究》，法鼓文化。

聖嚴法師，《戒律學綱要》，法鼓山文教基金會。

聖嚴法師，〈明末中國的戒律復興〉，收於《從傳統到現代——佛教倫理與現代社會》論集，臺北東大圖書公司。

王煜，《明清思想家論集》，聯經出版社。

藍吉富主編，《中華佛學佛教百科全書》，中華佛學佛教百科全書文獻基金會。

二、期刊

聖嚴法師，《現代佛教學術叢刊・第六十五期》，頁三一九至三三〇，一九八〇。
釋果燈，〈明末清初之律學復興——以見月律師爲中心〉，臺北：《中華佛學學報》七，頁二一五至二八三，二〇〇三。

三、網路資料

CBETA 電子佛典，二〇一四。
慈怡主編，《佛光大辭典》，佛光文化事業有限公司。
維基百科
百度百科
佛陀教育基金會網站
佛光山網站
《香光莊嚴》電子雜誌

國家圖書館出版品預行編目(CIP)資料

見月律師：千華律虎／釋空行編撰 — 初版
臺北市：經典雜誌，慈濟傳播人文志業基金會，2022.08
400 面；15×21 公分 —（高僧傳）
ISBN 978-626-7037-68-3（精裝）
1. 釋見月 2. 佛教傳記
229.371 111009965

見月律師——千華律虎

創 辦 人／釋證嚴

編 撰 者／釋空行
主編暨責任編輯／賴志銘
行政編輯／涂慶鐘
美術指導／邱宇陞
插圖繪者／林國新
校對志工／林旭初

發 行 人／王端正
合心精進長／姚仁祿
傳 播 長／王志宏
平面內容創作中心總監／王慧萍

內頁排版／尚璟設計整合行銷有限公司
出 版 者／經典雜誌
慈濟傳播人文志業基金會
112019臺北市北投區立德路2號
客服專線／（02）28989991
傳真專線／（02）28989993
劃撥帳號／19924552 戶名／經典雜誌
印 製／新豪華製版印刷股份有限公司
經 銷 商／聯合發行股份有限公司
231028新北市新店區寶橋路235巷6弄6號2樓
（02）29178022
出版日期／2022年8月初版一刷
定 價／新臺幣380元